拷問等禁止条約
NGOが創った国際基準

アムネスティ・インターナショナル日本支部 編
今井 直 監修

「拷問等禁止条約」成立の経緯と国際人権活動の今 …………… 森原秀樹 …	4
「拷問等禁止条約」の内容と特徴 …………………………………… 今井 直 ……	21
刑事被拘禁者の人権保障における「拷問等禁止条約」の意義 … 海渡雄一 …	38
入管・難民手続の現状と「拷問等禁止条約」加入後の課題 ……… 関 聡介 …	51
「拷問等禁止条約」を生かし、超える ……………………………… 阿部浩己 …	60
拷問禁止のための１２項目プログラム ………………………………………………	74
NGOによる共同声明 …………………………………………………………………	76
各国の拷問等禁止条約批准・加入状況 ……………………………………………	77
拷問及び他の残虐な、非人道的な又は品位を傷つける取扱い又は刑罰に関する条約（拷問等禁止条約）…………	78

はしがき

　日本は1999年6月29日に拷問等禁止条約に加入し、本条約は日本につき同年7月29日に効力を発生した。これにより、日本は、この条約の規定を履行する国際的義務を負うと同時に、本条約は国内法の一部となった。この条約は、日本の人権状況にとって大きなインパクトを持ちうる内容を多く含むが、しかしそれが一般には十分に伝わっていないという現状がある。条約の意義や内容について、また条約締結の承認に関わる国会審議について、マスコミはほとんど取り上げなかったし、専門家のレベルにおいてさえそう関心が高いものとはいえない。本書は、そうした現状認識を踏まえ、この条約の重要性に以前から注目していた研究者や実務家が集まって、この条約の本質を伝えるために企画したものであり、使いやすさのためにコンパクトな体裁をとっているが、内容的には相当密度の濃い条約の解説書となっていると思われる。

　本書は、条約の成立の経緯・背景、条約の内容・特徴、日本の現状と条約との関連（ここでは、主要な問題としてとくに刑事被拘禁者と出入国管理・難民手続を扱っているが、もちろん網羅的な問題提起ではないことをお断わりしておきたい）、条約の将来的課題、をカバーするかたちで構成されている。個々の執筆者の問題関心は多種多様であるが、そこに共通している視点は、この条約を、個人やNGOあるいは人権侵害の被害者の立場から実践的に活用していこうとするものである。これは、本条約に限らず、国際人権の問題すべてにおいてとりうる立場ではあるが、本条約の場合、この点がより鮮明であることは強調されてよい。これは、本条約の生い立ちにも由来することであるが、NGO、とくにアムネスティ・インターナショナルが本条約の「影の起草者」といわれているほど、NGO的論理が浸透した条約なのである。このように、本条約をはじめとする拷問の廃絶をめざした国際基準や制度は、NGOのアイデアやその強い働きかけが、諸国や国連等の国際機関を動かしたゆえの産物といっても過言でない。したがって、本書の副題が「NGOが創った国際基準」となっているのは、決して誇張ではなく、NGOの創造力や感性なくしては、本条約の成立やその実施のプロセスは語りえないからである。

　日本は、本条約以前にも、国際人権規約、難民条約、女性差別撤廃条約、子どもの権利条約、人種差別撤廃条約といった国連の人権条約を締結しており、それだけみれば、日本は決して人権条約を無視しているわけではない。しかし、そうした人権条約が日本の人権政策・制度にどの程度影響を与え、人権状況の向上に寄与してきたかと

いう点になると、話は別である。たとえば、国際人権規約や子どもの権利条約の日本の実施状況に関する条約機関による審査を受けて、日本政府はそうした各委員会による改善勧告に応じた措置を誠実にとってきたといえるであろうか。喉元過ぎれば、という対応をしていないか。

　こうした危惧は、本条約にもあてはまる。事実、本条約の締結を審議した1999年6月8日の参議院の外交・防衛委員会において、ある委員が本条約のことを「一言で言えば精神的な条約で、ないよりはあった方が少しは何かのときに足しになる」程度のものと印象を述べたのに対し、外務大臣もそうした発言に半ば同意し、「(加入に)時間がかかった1つの理由の中には、余り実効性という意味でのメリットがないんじゃないですかという中で余り早く進まなかったという面もあった」と答弁しているのである。ここに、条約を生かすために条約に入ったという政治的意思を感じることができるであろうか。少なくとも現在、本条約は、イギリスやセネガルが他国の元国家元首に対する拷問犯罪容疑を理由とした身柄拘束を法的に根拠づけるために援用されているし、また、条約の実施を国際的に監督する拷問禁止委員会は個人通報制度の文脈において、拷問のおそれのある国への送還の一種差止め機能を果たしている。そうした条約の革新的な発展は、決して偶然に生じたものではなく、拷問等の禁止の実効性を強化しようとする国際社会の不断の努力が生み出したものである。本条約に加入するということは、そうしたダイナミックな過程に参加するということにほかならないはずであり、国際的および国内的レベル双方で、条約の実効性を高めていくことに貢献するという政府の前向きな態度を望みたい。

　そして、政府を後押しし、その態度を方向づけるのは、むろん市民でありNGOである。本条約に対する少しの知識と理解、そしてそれにもまして拷問等を許さないとするストレートな感性と意思があれば、本条約を現実に生かす道は開けるはずである。本書はその一助となることを願って作られた。

執筆者一同を代表して
今井　直

「拷問等禁止条約」成立の経緯と国際人権活動の今

アムネスティ・インターナショナル日本支部　森原秀樹

1. はじめに

　苦しい体験をした後で、人が冗談半分に「あれは拷問だった……」と言っているのを聞いたことがあるだろう。「拷問」という言葉を耳にしても、「江戸時代じゃあるまいし、そんなものいまだにあるの？」「外国でならまだしも……」そんな感想を持つ人も多いかもしれない。

　ところが、国連で採択された国際条約のひとつに、「拷問等禁止条約(政府訳：拷問及びその他の残虐な、非人道的な又は品位を傷つける取扱い又は刑罰に関する条約)」という条約が存在する。条約であるからには、ある国がそれに加入した場合には、その国内で法律として適用され、それは国内法よりも上位の効力を持つ。1999年6月29日、日本政府は拷問等禁止条約に加入し、7月29日に同条約が日本国内で発効した。これにより、日本政府は、国連を中心に採択された23の主要な国際人権条約・規約のうち10の条約・規約についての締約国となった(本書73頁参照)。

　「過去の遺物」と認識されたり、冗談の中にしか登場しない「拷問」を「禁止」する条約が国連で採択されていて、それに日本政府が加入したというのは、いったいどういうことなのだろうか。

　実は、このことは、日本はもちろん世界各国で、どんな状況下にあっても人間が尊厳を持ち、人間らしく生きることのできる環境を作るための一歩となりうるし、そのために私たちができることを提供しうることにほかならない。

　以下、現代の拷問とはどういったものか、拷問等禁止条約はどのようにして成立したのか、といったことを通じて、日本政府による拷問等禁止条約加入の意味と今後への展望を探ってみたい。

2. 拷問の事実

　「逮捕された後、9日間毎日、裸のままで殴られ、蹴られ続けました。自白する情報などなかったため何も知らないと答えると、口元に銃を突きつけられたり、処刑して海

に捨ててやると脅迫されました」(トーゴでアムネスティの会員であるというだけで逮捕・拘禁されたナイジェリア人、アミーン・アヨデレさんの言葉)。

「東ティモールのある女性がインドネシア軍の兵士にレイプされました。その後も別の軍人たちから何度もレイプされた結果、彼女は5人の子どもを妊娠、出産せざるをえなくなりました。彼女は父親の異なる5人の子どもを抱えながら、レイプの加害者を訴追することもできず、家族の支援もなく、1人で生き延びようとしています」(東ティモールの人権擁護活動家、マリア・ドミンガスさんの言葉)。

「逮捕された後、3週間、1日24時間拷問を受けました。手錠のまま天井から吊るされ、電気ショックをかけられました。彼らは拷問を行う前に何をするかを克明に説明します。そして、そんなことをされるなら死んだほうがましだと思うようなことを言い、実際に行います。しかも決して殺してはくれません」(イラクの元良心の囚人フセイン・シャリスタニさんの言葉)。

これらは、アムネスティ・インターナショナル(以下、「アムネスティ」)に最近寄せられた、拷問を受けた人々による証言のほんの一部である。

拷問は、世界人権宣言をはじめとするさまざまな国際的な人権文書、また多くの国の憲法や法律で禁止されている。にもかかわらず、アムネスティの情報によれば、現在なお世界の約3分の2の国々(1998年は125カ国)で、拷問等禁止条約のいう「拷問・虐待」が確認されている。そして驚くべきことに、うち51カ国で、拷問・虐待が原因と思われる獄中での死亡事件が報告されている。日本も上記125カ国の国々の1つとして数えられている。日本については、刑事施設・入国管理施設・警察留置場などの被拘禁者に対する処遇、日本に保護を求める難民申請者などが拷問などの迫害を受ける可能性のある地域に送還されている可能性のあることなどが、「残虐な、非人道的な又は品位を傷つける取扱い」にあたると指摘されている。拷問は、決して「過去の遺物」ではない。21世紀を迎えようという今なお広範な手段によって、広範なカテゴリーに属する人々に対して、世界規模で行われている現実なのである。

拷問を受けると、人間は人格、アイデンティティを破壊されることになる。それこそが、拷問のもたらす究極的な結果である。拷問を受けた人々は、思想・良心の自由を奪われ、人間としての自尊心を失い、怯えなどからそれまでにしていたような抗議を続けることができなくなり、行っていない行為や言いたくないことについて自白を強要され、あるいはなんらかの情報を当局に提供することになる。このように、拷問にはつねになんらかの目的が伴う。

そうした目的を達成するために、拷問を支える制度もまた、各国に存在している。裁判所の令状なしに逮捕、拘禁し、尋問する権限が当局に与えられていたりするケー

スがそれである。そうした状況下においては、往々にして接見交通が保障されず、隔離拘禁の中で、「合法的」に拷問をすることが可能になっている。

　公正な刑事手続の保障という観点や、罪を犯したあるいは犯したと疑われている人々に対する取扱いといった観点から、拷問等の問題が指摘されることも多い。拷問等禁止条約は、「拷問」だけではなく、「その他の非人道的な又は品位を傷つける取扱い又は刑罰」も禁止している。「拷問等」までを視野に入れると、前述のような「目的」を伴わないまでもそれが発生している場合が多い。そして、多くの国においてそれらを防止するための措置が十分でなく、残念ながら「拷問等」にあたる行為が確認されている。このことは、拷問に対する場合と同様、「拷問等」を支えている現実があることを示している。

　拷問等は、単にそれを行う人がサディスティックだという理由だけで生じるわけでもない（そういう場合がないという意味ではないが）。またある特定の政治形態の下でだけみられる特殊な現象でもない。拷問は、人間の尊厳・思想・良心に対する計算された侮辱行為であり、政府が、意見が異なったり、特定のアイデンティティを有する立場の人々を抑圧するための手段として一般に用いているのが実情である。その意味で、拷問等は世界的な問題であり、制度化された暴力なのである。

　「拷問」にも「拷問等」にも共通な問題点がいくつかある。すなわち、それらが密室で行われる行為であるということ、国家による関与（あるいは黙認）によって発生するということ、そして加害者が責任を追及され処罰されることが稀であるために、再発が防止できていないという点である。このことは、「外部」からの強い関与、それも国境を越えた国際的な関与が事態の改善に不可欠であることを示唆している。

3. 拷問等禁止条約成立の背景と経緯——国内だけではなくせない拷問……………

　日本政府が加入した拷問等禁止条約は、まさにそうした問題を意識した条約である。では、条約は、どのような背景に基づき、どのような経緯を経て、どのような目的を持って成立するに至ったのだろうか。

1. アムネスティの拷問調査報告書が示したもの

　今日では拷問等禁止条約に加え、自由権規約（市民的及び政治的権利に関する国際規約）、欧州人権条約、米州人権条約、人及び人民の権利に関するアフリカ憲章、といった条約が拷問等を禁止している。また、拷問等禁止条約が国連で採択された後には、米州拷問禁止条約（1985年）や欧州拷問禁止条約（1987年）が採択され、地域的にも拷問等を禁止し、拷問等の発生を予防するための制度構築が模索されてい

る。また、国際刑事裁判所設置規程（1998年採択、未発効）は、組織的かつ広範に行われる拷問が「人道に対する罪」を構成すると規定しており、それがいかなる状況下で、またはどんな立場の者によってなされたかにかかわらず、すべての国家は国内あるいは国際法廷を通じて、調査、起訴、処罰を行う義務を負っているとしている。また、ユーゴ紛争やルワンダでの大量虐殺といった事件を受けて設置された旧ユーゴスラビア国際刑事法廷やルワンダ国際刑事法廷においても、拷問等はこれらが処罰する犯罪のひとつとされている。また、条約ではないが、拷問等禁止条約の締約国になっていない国・地域における拷問等の防止のために、国連人権委員会の下に拷問特別報告者も設置されており（1985年）、後に述べる拷問等禁止宣言の履行の監視をひとつの任務としている。

　ところが、国連総会が1984年に拷問等禁止条約を採択する以前には、世界人権宣言（1948年採択）5条、被拘禁者処遇最低基準規則（1957年採択）が拷問の禁止を謳っていたにすぎず、これらは法的拘束力を持つ条約ではなかった。こうした点を補うために1966年に国際人権規約が採択され、そのひとつである自由権規約の7条で拷問の禁止が定められることとなったが、この条約が発効するまでには10年を必要とし、また効力が発生しても拷問犯罪の訴追といった点において、その実効性はあまり期待できるものではなかった。

　そして、このようにいくつかの国際文書によって明確にその禁止が謳われていたにもかかわらず、1970年代に入って拷問はなくなることはなく、むしろ広範化する様相をみせていた。中南米を中心に当時の独裁政権の下での拷問が頻発し、「ダーティーウォー（汚い戦争）」と呼ばれていた時代である。アムネスティは1973年、長年調査してきた情報に基づき、拷問に関する実態報告書を発表した（「Amnesty International Report on Torture」日本語訳：「現代の拷問」）。この報告書は世界のすべての地域にまたがる60カ国における拷問の実態報告と、拷問に関する一般的な分析を行った世界でも初めての報告書であった。報告書では、拷問に関する当時の世界的状況として下記のことが指摘されている。

・世界には拷問をやめさせる効果的な方法はほとんどなく、拷問の訴えを安心して寄せられる集中的な機関がない。
・手の込んだ拷問手段が多くの国々に導入され、その「技術」がたえず高度化されている。他の国のために拷問の専門家、訓練方法、拷問用具などを提供し、指導している政府が存在する。
・拷問は、単に情報を引き出すためだけではなく、政治的反対派を制圧するためにも使われている。この２つの動機が結合していることがしばしばある。

・拷問は、警察や治安警察だけでなく、軍部の政治的介入が増大し軍事政権の数が多くなったことを反映して軍部、とくに陸軍によっても行われるようになっている。
・反政府勢力による拷問／虐待の報告が増えている。この場合は犠牲者にとっていかなるかたちの補償も救済もない。
・その国の開発水準に関係なく、拷問の事実が存在する。拷問は厳しい対立相剋のある状況に起こるものである。
・戒厳令などの状況下で、法の支配が停止された場合に、拷問がのさばり出してくる。その際に特定の社会集団が国家によって意図的にターゲットにされる場合が多い。
・政府が、拷問を自分たちの延命のために必要であると考えているからには、拷問は直接には政治と結びついている。しかしながら、国家は政治囚を抑留することはできると認めているが、拷問を行使しているとは決して認めようとはしない。

　これをみると、程度の差こそあれ、拷問がイデオロギーや政治体制の違いや開発水準の差異を超えた現象として、世界中に広がっていたことがよくわかる。そして、政治的反対者を抑圧する統治手段として軍や警察、秘密公安機関などの政府機関によって組織的に実行され、制度化・慣行化されていることや、一般社会から完全に隔離された「密室」で行われ、拷問の方法や技巧が多様化かつ高度化することによって、拷問の証拠を残すことなく激しい肉体的精神的苦痛を加えることがますます可能になっていたという点は、拷問等禁止条約が成立した現在でも存在する問題である。

2. 条約成立までの経緯

　このアムネスティの報告書、さらには世界的に展開された拷問廃止キャンペーンを皮切りに、拷問を批判する国際世論が高まった。拷問の問題は、1973年の第28回国連総会で初めて議題として取り上げられた。そしてその後、国連での議論の高まりによって、1975年の第30回国連総会で審議され、12月9日に「拷問等禁止宣言（拷問及びその他の残虐な、非人道的な又は品位を傷つける取り扱い又は刑罰を受けることからすべての人を保護することに関する宣言）」が採択された。初めて拷問の定義を明確にし、諸国が国内的にとるべき防止・救済措置を具体的に規定した意義ある国際文書がここに誕生したわけである。

　しかしながら、「拷問等禁止宣言」は、諸国に対して法的義務を課したものではなく、単に守るべき「ガイドライン」（宣言前文）を示したものにすぎず、より実効的に拷問の禁止を図るためには法的拘束力を持った国際条約の作成が必要と考えられた。そこで1977年の第32回国連総会は、国連人権委員会に拷問等禁止条約の草案を作成するよう要請し、作業部会が設置されるに至った。作業部会では、1978年および

1979年に提出されたスウェーデン案を基礎として、毎年の国連人権委員会の会期において作業が進められた。国連人権委員会での審議を経て最終的にまとめられた条約草案は総会に送付され、1984年の第39回国連総会は12月10日、ついにこれを全会一致で採択し、「拷問等禁止条約」を採択したのであった（決議39／46）。こうした条約作成の流れと並行して国連は、「法執行官行動綱領（1979年）」や、「医師倫理綱領（1982年）」といった、拷問廃止に関する重要な文書を採択したり、「拷問の犠牲者のための国連自発的基金」の設置も決定している（1981年）。

条約の発効には20カ国の批准または加入が必要とされていたが、1987年6月26日にその要件が満たされ、2000年1月時点での締約国数は118カ国を数えるに至っている（本書77頁参照）。また、現在、条約がめざしている拷問等の予防措置を強化するために、条約の実施機関である拷問禁止委員会が締約国の拘禁施設への訪問を行うことを可能にする旨規定した、「拷問等禁止条約の選択議定書」の起草作業が国連人権委員会で進行中であり、この条約をより実効的なものにする努力が進められている。

3.条約がめざすもの

では、条約はどのような理念・目的を持っているのだろうか。それを理解する際には、条約作成の過程において、自らも軍事政権下の拷問被害者であったギリシャ政府代表によって指摘された次の点に留意する必要がある。

それは、拷問は主に国家の容認の下に秘密に行われるものであるから、その事実がその国内において明るみに出て、加害者が処罰されることや、被害者が救済されることを期待するのは、本質的に難しいということである。また、拷問には2種類あり、個々の公務員がその権限を越えて行う個別的な拷問と、体制維持の手段として政府によって実行される組織的な拷問とがあり、両者は区別して考えられねばならないということである。前者の拷問は、各国の国内法などによって規制できる可能性が高いのに対し、後者の拷問は、国内法の諸規定による防止は期待できないという性格がある。そういった場合、国際社会の強い関与と影響力の行使によってのみ救済と処罰が可能となる（国によっては軍や警察などによる過去の拷問犯罪を「免責」できる法律が存在し、そのことが加害者の訴追・処罰をいっそう困難にしている）。

この指摘は多くの国の支持を得た。とりわけ組織的な拷問の世界的な広がりは、国際社会全体の利益を害する決して放置できない問題であり、それは国内的に直接拷問に悩まされていない国にとっても同様である、という認識が国連において一般的なものとなったからにほかならない。つまり、諸国の拷問実行を廃止するための国際

協力の強化が意図されたわけである。拷問等禁止条約成立の背景には、実はこのような強い理念があり、まさに文字どおり国際的な人権保障の実現を目的とした条約なのである。

加えて、拷問等禁止条約が「拷問」だけでなく、「その他の残虐な、非人道的な又は品位を傷つける取扱い又は刑罰」をも禁止していることも、条約の理念を反映するものといえる。前述のギリシャ政府代表の発言における「個々の公務員がその権限を越えて行う個別的な拷問」の延長上にそういった取扱いまたは刑罰が行われうると考えたうえで、条約はそれを防止する制度の必要性を考慮している。つまり、肉体的精神的に苦痛を与えることで、人間の尊厳や思想・良心の自由を奪うことや、行っていない行為について自白などを強要されたり、情報の提供を強要されることだけでなく、公正な刑事手続が歪められることや、罪を犯した人間が拘禁されている場合に非人間的な取扱いをされることまでを含めて、禁止する対象としているのである。

要するに、拷問等禁止条約のめざすものは、①拷問を国際的に犯罪として禁止し、加害者を処罰するための国際的な協力体制を作ること、②拷問の被害者を救済するための制度を各国内あるいは国際的に作ること、③拷問等の発生を防止するための制度を各国内あるいは国際的に作ること、にまとめることができる(条約による個別規定については、次章を参照)。

4. 拷問等禁止条約とアムネスティ・インターナショナル

上記のような「拷問等禁止条約」採択への過程は、一見してみると、年数がかかりながらも比較的スムーズに進んだようにも感じられる。しかし現実的には、ある問題(この場合には拷問)に対する国際的な関心の高まりが、それを解決するための国際的な合意(条約など)に結実する過程にはつねに多くの困難が伴う。そしてその困難を乗り越えるためには、いくつかの要素の存在を必要とするのがつねである。国連総会も国連人権委員会も、各国の政府代表が構成する政府間機関であり、その意思決定は往々にして各国の政治的意図に左右されてしまう構造があるからだ。事実、国連人権委員会のレベルでの起草段階からなかなか進展をみない条約案も多い(強制的「失踪」に関する条約案など)。

ここにいう「要素」のひとつが、多くの人々による国際的かつ政治的思惑から独立した関心の高まりと、それを持続させ行動へとつなげる「組織」の存在である。拷問等禁止条約の成立に、アムネスティによる世界的な拷問廃止キャンペーンが大きく貢献したといわれているのは、その所以であるといえる。

1. アムネスティの活動における「武器」としての国際人権基準

　アムネスティは、いかなる政治勢力からも独立した、ボランティアによる国際的な人権擁護のNGOである。世界人権宣言に掲げられている諸権利の実現をめざし、人権意識の喚起のための活動や、国際的な人権基準の伸長ならびにそれらの基準を各国政府が遵守するための働きかけをする一方で、①暴力を用いていないのに自らの思想・信条・宗教・性・民族などの出自ゆえに囚えられている「良心の囚人」の釈放、②政治囚への公正で速やかな裁判の保障、③死刑・拷問の廃止、④超法規的処刑や強制的「失踪」の根絶、⑤その他、難民の保護や人権侵害に関わる武器などの移転への反対、人権擁護活動家の保護や人権侵害の加害者を法の裁きにかけることなどに向けた取組みを、世界的に推進している。拷問等の廃止は、アムネスティが1961年に発足して以来の切実な関心事項のひとつである。

　アムネスティの活動の特徴は、国境を越えて、一般の草の根の市民が人権問題に関わるところにある。したがって、最も基礎的な活動は、誰にでもできる「手紙書き」——良心の囚人の釈放や、拷問を止めるよう求める手紙、ファックス、電子メールを各国の政府当局に書き送ること——である。個別の人権侵害のケースに対し、国境を越えて何千、何万という数のアピールを送ることで、当局がそれを無視できない状態を作るのである。実際、アムネスティはこれまでに約4万3000の良心の囚人のケースについて活動し、4万500人あまりが釈放されてきたし、アムネスティの会員による多くのアピールが送られたのとタイミングを同じくして、拷問が止まったり、状況が改善されたという証言を聞くことも多い。

　しかしこのことは、単に手紙の量だけが要因ではない。個々の手紙が各国の政府当局に対してどれだけの論理的な説得力を持っているかも重要である。そこでアムネスティが自らの主張の根拠として用いてきた「武器」が、国際的に広く承認された人権基準である。手紙の中で、「あなたの国は、国連加盟国として世界人権宣言を守る立場にありながら、実は守っていないのではないでしょうか？」とか、「このケースは、あなたの国が批准している国際人権規約に違反しているのではないでしょうか？」というように主張するのである。また、アムネスティは、自らの主張の根拠として国際人権基準という「武器」を用いると同時に、その設立当初から、国際的な人権保障システムを強化していくことを念頭に置き、その武器——新たな国際人権基準や制度——を作るための活動も展開してきた。そのひとつの例が、拷問等禁止条約の成立をめざした活動であった。

2. 拷問廃止キャンペーンと条約の成立

　アムネスティの活動の基本原則は、言い換えれば、①人権は普遍的（かつ不可分）

なものであること、②人権の尊重は、単に一国の国内問題ではなく、国際社会の正当な関心事であること、③各国政府は人権を保障する義務を、国際社会に対して負っていること、④一般市民も含めた国際社会の関与と影響力の行使こそが人権を守る基礎となること、とも考えられるが、拷問等禁止条約の成立に貢献したとされる拷問廃止キャンペーンは、まさにこの4つの原則を強いメッセージとともに打ち出したものであった。

　前述のとおり、1970年代当初には、拷問等を禁止する実効的な国際法は存在していなかった。しかしながらアムネスティのもとには日々、拷問がまるで疫病のように世界を席巻している情報が集まってきた。条約がない以上、問題の存在を明確にアピールし、それを禁止し予防するための制度を作るよう声をあげていくしかない。そうした状況を受け1972年、アムネスティは拷問廃止を求める国際キャンペーンの実施を決定し、1973年に世界の拷問の実態に関する前述の報告書を発表し、国家的な救済手段はもちろんのこと、国際的にも拷問に関する個人の責任をより明確にし、拷問を防止するための効果的な救済手段を制定することを訴えた。そしてこの報告書を基にキャンペーンを展開し、世界90カ国から100万人の署名を国連総会議長に提出したのである。これが、1973年の国連総会で拷問が初めて議題として取り上げられ、拷問その他の非人道的な取扱いを否認するという決議が採択されることにつながった。しかしこれだけでは十分であるはずもない。そこでアムネスティはその1カ月後に、各国政府やNGO関係者300名を集めた「拷問廃止のための国際会議」をパリで開催し、実際的な拘束力を持つ条約作成の必要性を民間の立場から提言したのだった。1974年から75年には、アムネスティの各支部によって拷問廃止に向けたさまざまな活動が展開されている。なかでもオランダ支部は、国際事務局と協力して、75年6月にオランダ政府と警察官組合を動かし、オランダを含むヨーロッパ9カ国の警察代表を招いてセミナーを開催している。セミナーは「拷問執行の命令に対する不服従、またはそれを無視することは、法執行官の義務である」とするハーグ宣言を採択し、第5回国連犯罪防止会議に伝えている。このようにアムネスティは、国連NGOとして、民間の立場からの提言を繰り返した。

　しかしながら、拷問は条約が採択されることを待ってはくれなかった。国連機関への提言や働きかけを繰り返す間にも、拷問に関するおびただしい数の報告がアムネスティに寄せられ続けた。そこで、アムネスティは1974年に、拷問の被害のケースを世界中に即時に知らしめ、それを止めるためのシステムを開発した。すなわち、登録をした一般市民による世界的なネットワークに拷問事件の情報を即時に配付することで、数日間のうちに大量の抗議アピールを当局に送ることを可能にする「緊急行動ネッ

トワーク (Urgent Action Network)」が設置されたのである。この「緊急行動ネットワーク」は、現在なお活用されており、1998年１年間には、94カ国に関する697件の緊急行動要請が発行されている。アムネスティにとって拷問廃止をめざすということは、単に新たな国際法を作るというのんびりしたものではなく、今、そこで拷問や処刑の恐怖にさらされている人を救援するための国際的な行動を起こすことでもあったのである。現在、アムネスティは世界中に約100万人（日本には7500人）の会員を有しているが、こういったメンバーによる地道なアピール行動と、それを効果的に展開するためのシステムがあったからこそ、アムネスティは国連の場での拷問等禁止条約の成立過程で大きな発言力を維持できたといえよう。

　かくして、1975年に国連総会が「拷問等禁止宣言」を採択したわけであるが、アムネスティは宣言では不十分だと、これを条約にするための活動を開始し、1976年２月に条約作成の可能性を追及するよう求める声明を国連人権委員会に送付した。こうした流れのなか、1977年の国連総会は国連人権委員会に拷問等禁止条約の草案を作成するよう要請し、条約成立への道が開けることとなった。前述のように、条約案の起草作業は人権委員会の下の作業部会において、主にスウェーデン政府の主導によって行われたが、この過程にアムネスティは深く関わることになる。アムネスティが、時に「拷問等禁止条約の影の起草者」と呼ばれる所以である。こうした活動の成果を讃えられ、この年、アムネスティはノーベル平和賞を受賞している。

　1984年、条約案がほぼ固まってきた段階で、アムネスティは拷問に関する新しい実態報告書を発表している（未訳：「Torture in the Eighties」）。報告書は100カ国から拷問に関する情報や申立があり、少なくとも世界の３分の１の国で確実に拷問が行われていると報告している。また、この報告書と同時に、条約制定に向けての国際世論を盛り上げることを狙って、アムネスティは「拷問禁止のための12のプログラム」を提案した（本書74、75頁参照）。これは、拷問を廃止するために必要な措置を12カ条にまとめたもので、条約に盛り込まれるよう、アムネスティが起草作業部会に繰り返し働きかけてきた内容である。そのなかでもとくに、条約の理念の核ともいえる「普遍主義」に関する規定（国内はもちろんのこと、国外で拷問に関与した者がその領域内にいる場合に、締約国がその者を訴追する義務）を盛り込むことや、拷問だけでなく「拷問等」までをも条約の対象とすること、また被害者への補償義務の明確化や強力な実施措置の設置などのポイントについて、積極的な働きかけが行われた。

　結果、1984年12月10日、「国際人権デー」に、拷問等禁止条約は国連総会で採択されたのであった。

　その後、アムネスティは各国による条約の批准・加入の促進に継続的に取り組んで

きた。また、国連人権委員会で審議中の条約の選択議定書の起草過程においても、さまざまな働きかけを行っている。日本についてもアムネスティ国際事務局はたびたび調査を実施し、1990年代に入ってからだけでも、「日本の死刑廃止と被拘禁者の人権保障(1991年)」「日本における難民の保護(1993年)」「日本:いまだ不十分な難民の保護(1994年)」「日本の死刑:残虐、非人道的で恣意的な刑罰(1995年)」「日本:死刑制度に関する懸念の概要(1997年)」「日本における外国人被拘禁者への虐待(1997年)」「日本の刑事施設における残虐な懲罰(1998年)」といった報告書を発表し、日本政府に対して一貫して拷問等禁止条約への加入を要請してきた。

3.条約成立のためのもうひとつの「要素」——拷問被害者の悲痛な「叫び」

さて、アムネスティによる世界的なキャンペーンとともに、拷問等禁止条約の成立を可能ならしめたもうひとつの「要素」は、国際的な注目を集める大事件の存在であったといえよう。アムネスティのようなNGOが世界の拷問の実態を明らかにし、それを基に世界的なキャンペーンを進めることの意義を裏づけるかのように、1970年代には拷問の残虐さを世界に伝えたいくつかの事件があった。1973年9月に発生したチリにおける軍事クーデターによって樹立されたピノチェト政権下での大規模かつ組織的な拷問、1974年にポルトガルが民政に移行した際に明らかになった旧軍政下での大規模な拷問の実態は、拷問に対する国際的な憤激をかき立て、1975年の拷問等禁止宣言の採択につながった。また、1977年に南アフリカで起こった反アパルトヘイトの人権活動家のスティーブ・ビコの拷問死事件は、拷問等禁止宣言の条約化への作業を本格化させるきっかけになったといわれている。

このように、アムネスティによる効果的なキャンペーンと、国際的に注目を浴びた不幸な事件の存在が重なることによって、結果的に拷問等禁止条約という重要な国際条約が作り出されることとなった。その両者のどちらが欠けても、おそらく条約はその成立をみなかったのではないか。ここで私たちは、すばらしい内容の条約が成立したということは、人権を守るための国際社会の努力が結実したことであると受け止めつつも、一方ではそれほどのものが必要なまでにひどい人権侵害が実際に行われていることの証でもあることを認識すべきだろう。その意味で、拷問等禁止条約を成立させたのは、拷問の被害者の悲痛な叫びであったといっても過言ではない。

もうひとつ大切なことは、拷問等を含むあらゆる人権侵害を禁止し、予防していくにあたっては、決して条約が先にあるわけではないということである。拷問廃止への国際的な世論の高まりを受けて拷問等禁止条約が採択される以前にも、拷問の禁止を「国際慣習法の一部」と認め、拷問を行った加害者に賠償が命じられた判決も存在

している。拷問の事実、拷問の被害者の叫びを受けて国際世論が高まり、その高まりがあってこそそれを追いかけるかたちで、条約が不十分ながらもついてくるという事実を忘れてはならない。

5. 日本政府による拷問等禁止条約加入の意義と国内実施への期待………

　拷問等禁止条約が国連で採択されて以来、日本政府は批准・加入に対して消極的な姿勢をとり続けてきたが、このたび、採択から15年を経てようやく、条約の締約国となった。

1. 条約を「生かす」ということ——日本政府に求められるもの

　かくして日本政府は、同条約に加入することによって、世界に存在する拷問を根絶するための国際的なネットワークに加わることをようやく宣言したといえる。条約の理念や規定に基づけば、それは国内における拷問等の人権侵害をなくすために行動するのみならず、拷問を受ける可能性のある国へは人を送還したり引き渡したりしない、あるいは拷問に関与した者が自国内に存在する場合に国内で刑事訴追することを通じ、拷問禁止のための国際貢献を行うことを意味するのである。

　折しも1999年3月24日に、英国の最高裁判所にあたる貴族院が、拷問等禁止条約を法的根拠として、スペイン司法当局の要請に基づく英国当局によるピノチェト元チリ大統領の身柄拘束を合法とする歴史的決定を行った。結局、健康上の理由から、ピノチェトはチリへ帰国することとなったが、拷問犯罪は国際法上の罪であり、「国家主権」や「元国家元首の免責特権」という壁を超越したものと認識される土台が拷問等禁止条約を根拠に存在しうること、そして拷問等禁止条約がその意味で「生きた」条約であること、さらにいえば、こうした決定の積み重ねによってこそ条約の理念が「生かされて」いくことを痛感したできごとであった。

　拷問等禁止条約に限らず、条約は現時点での一定の国際「基準」を定めるものではあるが、その具体的内容は、世界各国で発生する個別の事件や、それに対するさまざまな意思決定や判例などによって、つねにより詳細かつ豊かなものへと育まれていくものである。その意味において、日本政府が拷問等禁止条約に加入したことは、条約が定める実施措置に基づいて自国の人権状況について「発信（報告）」し、すでに決定された「国際基準」を満たすことのみを意味するものではない。それは、今後さまざまな機会を通じて育まれていくであろう条約の具体的内容や、各国における条約実施の「水準」を「受信」し、それに伴って国内の状況を改善する努力を続けること、さらには条約の内容をより豊かなものにしていく作業に積極的に加わることをも意味している

のである。ここに述べた「発信」と「受信」、そしてその双方を基盤とした国際社会への積極的貢献とがあいまって、はじめて条約の理念実現に貢献できるわけである。

2.条約の国内実施への懸念と期待

　しかしながら残念なことに、条約に加入したことのみをもって、条約の理念が国内で実現されることを期待することは難しいのがつねである。実際、拷問等禁止条約の国内実施にあたって懸念すべき事項はいくつも指摘されている（詳細は別章を参照）。条約の規定を精査すれば当然必要であると考えられる国内法の改正や、関係する制度の運用の改善をまったく伴わずに加入がなされたことや、加入案をめぐる国会での審議が非常に不十分であったこと、そして条約の重要な実施措置のひとつである、22条に基づく個人通報制度（拷問等を受けた被害者が、条約の実施機関である「拷問禁止委員会」に申立をすることができ、同委員会がこれを検討し締約国に見解を示す権限を与える制度）に対して受諾宣言を行わなかったことなどが挙げられる。アムネスティ日本支部をはじめとする国内の関係NGOは、拷問等禁止条約が国内で発効した1999年7月29日に、条約への加入を歓迎しつつそれらの懸念を示す共同声明を発表している（本書76頁参照）。条約を国内で「生かして」いくためには、条約の理念・目的や、国内外に存在する拷問等の実態を一般に広く伝えつつ、政府だけでなく国会、裁判所、NGO、研究者やマスコミなどが、条約の規定と国内法・制度の整合性について丁寧に検証を重ね、改善すべき点について指摘・協議していくプロセスが必須となる。

　その意味において、拷問等禁止条約が定める「政府報告制度」（19条）の活用は大きな鍵となってくる。同制度に基づき日本政府は、条約の実施機関である拷問禁止委員会に対し、加入後1年以内（2000年7月29日まで）に第1回目の報告書を提出する義務を負っている（第2回目以降は4年ごと）。拷問禁止委員会は、政府の報告書に基づき、NGOなどから提出される情報なども参考にしつつ条約が国内で実施されているか否かについての審査を行い、当該政府に対する「勧告」を含んだ「最終見解」を採択する。拷問禁止委員会は、数多くの締約国の政府報告書審査の実施、また個人通報制度に基づく通報に対する見解の採択を通じ、条約の解釈について多くの蓄積を持っており、拷問等の禁止についての「国際基準」についてきわめて説得力のある見解を有している機関である。したがって、日本政府による第1回政府報告書審査は、日本における拷問等に関する問題が、国際基準によってあらためて検証される機会となるだろう。前述のように日本政府は、拷問等禁止条約への加入にあたり国内法の改正や制度の運用改善の必要はないという認識を示しているわけであるが、国際基準

に照らした場合にこのことは果たして許容されることなのであろうか。

　ところで、拷問等についての規定を有する自由権規約（日本政府は1979年に批准）の国内実施について、日本政府はこれまでに4回の政府報告書審査を経験しており、自由権規約の実施を担う規約人権委員会は、第4回日本政府報告書審査に基づいて1998年11月に、29項目の「勧告」を含む「最終見解」を採択している。この「最終見解」においては、拷問等禁止条約の国内実施と密接に関係のある多くの事項についても非常に重要な勧告がなされている。拷問禁止委員会による第1回日本政府報告書審査は、規約人権委員会によって採択されたこの「最終見解」に基づいて、拷問等の禁止についてのより専門的な検証を行うよい機会にもなるだろう。

3. 条約を「生かす」ためにNGOが果たすべき役割

　その成立過程にNGOが及ぼした影響という点で、拷問等禁止条約は歴史的に意義のある条約である。NGOの手によって創られたといっても過言ではない国際人権基準が、今まさに日本国内で実施されようとしているという観点からも、今後の国内実施におけるNGOの役割は大きいのではないだろうか。とりわけ、他の人権条約に基づく政府報告書審査においてNGOが果たしてきた役割を考慮すれば、同様の貢献が拷問等禁止条約の場合にも期待されよう。すなわち、①条約や条約の実施にあたっての国内における問題についての周知、②条約の実施や政府報告書の作成について、政府との対話の促進、③政府報告書についての誤り、条約違反と思われる事実、また国内で述べていることと食い違う事項などについて拷問禁止委員会に情報を提供すること、などが期待される。とくに③について、NGOは通常「NGOレポート」あるいは「カウンターレポート」と呼ばれる独自の報告書を作成し、委員会の委員に提供することが多く、こういった情報は条約機関によって大いに活用されている。

　②に掲げた条約の国内実施に向けた政府との「対話」については、超党派国会議員の呼びかけによる、「拷問等禁止条約・国内実施にあたっての勉強会」が開催され（1999年11月）、国会議員、外務省、法務省、警察庁の関係部署、そして関心を寄せるNGOが出席し、条約の国内実施についての疑問点を政府に対して提示する機会があり、同勉強会は今後も継続して開催される予定である。また、たび重なる要請に応じてか、外務省による呼びかけにより、「拷問等禁止条約第1回政府報告書作成に際する非公式ヒアリング」も開催された（1999年12月）。こちらには外務省、法務省、警察庁をはじめとする7省庁15部局、NGO側は9団体18名が出席し、拷問禁止委員会に提出する政府報告書の作成にあたって、NGO側からさまざまな意見が提示されている（しかし、個別の省庁との質議応答は許可されていない）。こうした機会を通じ

て、日本政府がNGOなどの意見を聞く機会を設定していることについては、一定の評価をすべきだとは思う。しかしながら残念なことに、これらの機会は実質的な対話になっていない。重要なのは、政府が条約の実施についての見解をはっきりと提示し、問題があると指摘される点があれば、それについてオープンな議論を行うことである。国内におけるそうした議論を通じて政府とNGOの見解の相違が何なのかを明確にし、相違することがらについて政府報告制度などを通じて拷問禁止委員会などによる判断を引き出し、その判断をさらに国内での議論に反映させるといった循環プロセスを作ることが重要である。

　ここ数年、日本政府は他の人権条約における政府報告書審査に基づいて条約機関が採択した「最終見解」などについて、「法的拘束力がない」としてその実施に消極的な姿勢をみせることが多くなってきている。拷問等禁止条約に、国内法改正や制度運用の改善なしに加入したことも、それを表しているのかもしれない。このように、条約の国内実施にあたっては、よりいっそう議論・検証を深めていかねばならない課題も多い。確かに、司法機関ではない条約機関は、締約国による条約違反を判断する権限は持っているものの、それを政府に強制する権限は持っていない。それでもNGOは、①条約の批准に伴い国内法改正がなされてきたこと、条約が国内法よりも上位と解釈されていること、②人権の国際基準という、国内とは違った尺度で議論がなされること（国内で正当化される人権侵害が、正当化されない場であること）、③条約機関などを介して、国内では成り立ちにくい政府との論理的な議論を展開する余地があること、などの事実に希望を見出して報告制度の活用をめざすことになるだろう。その際にNGOにとって重要なのは、条約機関による勧告などを意味あるものにするために、日本の人権状況が国際基準によって検証された結果、どう判断されているのかという事実を国内の人々（とくに立法・司法機関）にしっかりと伝える役目を果たすことである。国内で議論された場合に救済されない問題について、条約機関が判断した場合に違った反応や結論が出てくるのはなぜなのか、その意味を多くの人々が考えることが、結果として条約を国内で「生かす」ことにつながるのである。その意味で、国際人権条約・規約を用いた国際人権活動は、単に「外圧」を作って日本の状況を変えようとする活動であると理解されてはならない。国連をお上のお上と認識してそれを頼るという姿勢でなく、条約に基づいて設置された仕組みを使っていかに国内で議論する場を切り開いていくかが重要なのである。それは、国内での活動によってだけでは届かない「声」、拷問等禁止条約の場合でいえば、密室での拷問等に苦しむ人々の叫びをその外に届かせ、「国際的な人権基準」という普遍的な物差しを個別の問題に適用する道筋をつけつつ、人権侵害を阻止するための重要な手段なのである。

6. 拷問等禁止条約を通じて考える国際人権活動のこれから……………

　近年、人権問題をはじめ地球規模の問題を解決に導く手段としての新しい条約の成立や制度の設置、あるいは国際的な合意を形成する過程において、NGOの影響力が声高に指摘されるようになった。なかでも、いわゆる国連を中心とした人権保障の枠組みの話ではないが、1991年に2名のスタッフが立ち上げた活動が、対人地雷禁止条約の成立(1997年調印)という大きな成果につながり、対人地雷禁止国際キャンペーンがノーベル平和賞を受賞したことは記憶に新しい。国際的な諸問題の解決においてNGOの役割が無視できなくなっている現状を考慮すれば、今後もこういった事例が増えていくことが期待されよう。

　ところで、先にみたアムネスティによる世界的な拷問廃止キャンペーンと、拷問等禁止条約成立の関わりをまとめれば、①拷問そのものについての実態調査、②その事実の広報活動、③拷問の犠牲者への具体的な救援活動、④条約起草への国際的世論活動、⑤条約やそれを支える制度の内容についての提言、⑥条約の採択、各国による批准・加入の促進、ということになる。このことから、私たちは国際的な人権活動を展開するにあたって、それが効果をあげるための要素は何かということを学び取ることができる。前述の対人地雷国際キャンペーンの例をはじめ、NGOによるさまざまな実績のひとつひとつを分析すると、対象となる問題が何であるかにかかわらず、上記①～⑥の要素がバランスよく、戦略的に展開された場合に、国際的な条約や制度の成立に対してNGOが大きな力を発揮することができていることがよくわかる。

　そして、拷問等禁止条約の日本における実施のように、各国における実施に向けた活動の場合には、上記①～⑥に加えて新しい活動の要素が必要になってくる。すなわち、⑦条約に定められた基準と国内の実態、法律や制度運用の「ズレ」の検証、⑧それらの基準や制度に基づいた実態の改善(報告制度などの活用、通報制度の利用など)、⑨基準・制度や条約機関による「勧告」などの広報、国内での議論(国会・行政・裁判所・マスコミ・研究者・NGOなどによる)の促進、といったことが考えられる。別項で述べたこととの重複になるが、⑦～⑨の活動における重要な視点は、単に国際的な「外圧」を作るということのみに主眼を置くことではなく、条約や制度を使って、継続的な実態の検証に基づく議論を促進するという視点である。

　①～⑨の要素を伴った、NGOによる国際人権活動は、人権擁護のための国際的な基準やその実施のための制度作り、その基準・制度を各国が適用(批准・加入など)することの促進、そして基準・制度の理解とその利用に基づいて個別の人権状況の改善をめざす非常にダイナミックな活動である。その活動の発展のためには、それぞれの

要素を伴った活動を効率的に組織し、国内の状況について国内外に「発信」する能力と、ピノチェト事件にみられるような条約や制度の活用に関する各国での動向や議論・見解の蓄積について「受信」する能力の双方を高めていくことが重要だろう。そして「発信」と「受信」を行っていくなかで、条約の基準や制度の効率を高めていくためのあらゆる機会に積極的に参加し、条約や制度をより「生きた」ものへと発展させていくことに関与し続けることも同時に期待されるのである。

　最後に、NGO・市民の力が大きく影響して成立をみた条約・制度のパイオニア的存在といっても過言ではない拷問等禁止条約に日本政府が加入し、今後国内に適用されることになったということの重要な意味への理解を、多くの人々と共有できれば、と思う。拷問等の根絶という課題は、条約によってのみ解決可能なことであるとは考えにくいが、これを機会に、拷問等の禁止に関する問題だけでなく、NGOによる国際人権活動はもちろんのこと、人権分野以外におけるNGOの国際活動がいっそう発展することを願ってやまない。

（もりはら・ひでき）

「拷問等禁止条約」の内容と特徴

宇都宮大学教授 今井 直

1. 条約の意義

　拷問等禁止条約は、ただ単に「拷問を禁止する」ということを約束しただけの条約ではない。すでに世界人権宣言や国際人権規約など多くの国際法文書が拷問や非人道的取扱いを明文でもって禁止しているし、なにしろ多くの国の国内法が拷問禁止を定めている。しかし、こうした国際法や国内法の存在にもかかわらず、現実には拷問は発生し続けている。そこで、拷問等禁止条約は、こうした「拷問の禁止」を実効化し、拷問を防止するために作られたのである。

　こうした条約を作ろうとする動きが活発になったのは、1970年代から80年代にかけてのことである。アムネスティの報告によれば、当時世界の3分の1の国が拷問を行っていたという（1975年は65カ国、1984年は66カ国）。この時期、たとえば中南米では、軍事独裁政権の下で拷問が日常化しており、アルゼンチンやチリなどの現象は「汚い戦争」とさえ呼ばれた。こうした政府による組織的拷問は、拷問が統治手段として制度化・慣行化されていることを示すもので、国内法の枠内での規制と防止はもはや期待できない。この場合、国際社会の関与と影響力の行使によって状況を変えるしかない。当然のごとく、アムネスティなどの人権NGOは、国際社会の組織的対応を求めるキャンペーンを展開した。国連もそれに呼応し、1975年には拷問等禁止宣言が総会により採択された。この宣言は、諸国が国内的にとるべき防止・救済措置を具体的に規定した意義ある文書であるが、宣言というその名のとおり法的拘束力のない文書であって、守るべき「ガイドライン」（宣言前文）を示したにとどまるものであった。そこで1977年、国連総会は、次の段階として、より実効的な拷問の禁止を図るために、法的拘束力のある条約を作るよう国連人権委員会に要請した。その後、7年にわたる人権委員会による条約起草作業を経て、1984年、総会は拷問等禁止条約を採択したのである。

　このように、拷問等禁止条約は、拷問を抑止・防止するための国際体制を創設しようとしている。国家が物理的強制力を独占しているかぎり、権威主義的体制の国はも

ちろんのこと、民主主義的な国であっても、つねに拷問や非人道的取扱いを生み出す温床は存在する。本条約は、組織的な拷問に国際的に対処することを目的とする一方で、日常的に拷問を防止するための措置を国家に義務づけ、それを国際的に監視することを目的としている。

2. 条約の概観

本条約の正式名称は、「拷問及び他の残虐な、非人道的な又は品位を傷つける取扱い又は刑罰に関する条約」（政府訳）といい、拷問だけを対象としているわけではない。条約は、第1部の実体規定（1条〜16条）、第2部の実施措置規定（17条〜24条）、第3部の最終条項（25条〜33条）から成っている。実体規定は、締約国がとるべき具体的な措置を規定するものであるが、注意すべきは、その適用範囲に関して、「拷問」と拷問には至らない「他の残虐な、非人道的な又は品位を傷つける取扱い又は刑罰」との間に区別を設けており、後者には、その一般規定である16条と10条〜13条のみが適用されるにすぎない。これは、後者の概念は十分に明確とはいいがたいため、処罰規定等を厳格に適用することが適当でないと考えられたからであった。また、実施措置規定は、締約国による条約履行を国際的に監視するための仕組みに関するものであり、拷問禁止委員会の設置・構成・手続（17条、18条）、報告制度（19条）、調査制度（20条）、国家通報制度（21条）、個人通報制度（22条）について定めている。

本条約は、現代の拷問の多様な形態に効果的に対処することを意図した内容を持つ。たとえば、拷問は国内刑法上の重大な犯罪とされるが（4条）、拷問の定義（1条）として、精神的心理的苦痛、差別的動機、公務員の黙認といった、従来必ずしも拷問とはされなかった要素もカバーされており、締約国が禁止、防止すべき行為の範囲はかなり広い。また、拷問はいかなる状況でも許されないことが確認されており、戦争や内戦等の緊急事態下であっても、またテロリストに対するものであっても、絶対的に禁止である。上官や上司からの命令であっても、拷問の正当化の理由として援用することはできず、下級の公務員はそうした命令に抵抗することが求められている（2条2項および3項）。さらに、条約では、拷問を国際犯罪と性格づけており、容疑者が所在する締約国は、拷問犯罪の行為地や容疑者・被害者の国籍を問わず、その者の身柄拘束等の法的措置をとり、関係国に引き渡さないかぎり、自国で訴追、処罰しなければならない（5条〜7条）。つまり、拷問犯は、他国において決して「セーフ・ヘブン」を見出すことはできないのである。実際に、この原則（普遍主義と呼ばれる）が適用されたのが、ピノチェト事件である。

また、条約の特徴として同様に重要なのは、拷問それ自体に事後的に対処するだけでなく、拷問を発生させる諸条件を除去すべく、さまざまな拷問防止措置をとるよう義務づけていることである（2条1項）。具体的には、拷問のおそれのある国に難民等を引き渡したり送還してはならないという原則（3条）、法執行職員等の教育・訓練義務（10条）、尋問方法や被拘禁者の取扱い措置の再検討義務（11条）、権限ある機関による迅速かつ公平な調査・審理義務（12条、13条）などが規定されている。

　以下では、本条約の主要な内容・特徴について解説するとともに（なお、本条約の重要な実体規定をめぐる起草過程における議論については、今井直「拷問等禁止条約の意義」早稲田法学会誌36巻〔1986年〕を参照されたい）、それに関連して日本における問題点についても簡単に指摘したい。

3. 拷問の概念

　本条約は、まず拷問を定義することから始めている（1条）。条約は、締約国に対して、すべての拷問行為（未遂や共謀、加担を含む）を刑法上の犯罪とし、その重大性を考慮した刑罰を科するよう義務づけている（4条）から、罪刑法定主義の立場からも、この点はきちんと明確にする必要があった。1条によれば、条約上の拷問には、次の要件、すなわち、①「重い苦痛を故意に与える」こと、②一定の目的や動機が存在すること、③「公務員その他の公的資格で行動する者」がなんらかのかたちで関与していること、が見出される。

1.「重い苦痛」

　条約は、被害者に苦痛を与える方法については何も言及しておらず、身体的苦痛だけでなく精神的苦痛も拷問となりうるとしている。

　拷問禁止委員会の発足以来のメンバーであるデンマークのベント・ソレンセンは、現代でも用いられている身体的拷問のやり方として、殴打、鞭打ち、性的攻撃、電気ショック、水攻め（典型的なものは南米のサブマリーノ）、煙草による火傷、ファランガと呼ばれる足の裏を打つ拷問などを例として挙げている。また、精神的拷問の例としては、逮捕後頭巾を被せてどこかに連れて行くなど、自分がどこにいるのか今がいつなのかわからない状況に被拘禁者を置くこと、狭く暗い部屋に外部から孤立した状態に置いたまま何日間も独居拘禁すること、自分が拷問や処刑をされるかもしれないと思い込ませること、他の者の拷問や虐待をみせつけることなどを挙げている（大倉一美編著『拷問等禁止条約とは何か』〔創史社、1998年〕111〜115頁）。

　いずれにせよ、「重い苦痛」の程度に関しては、用いられた手段や方法、当該行為

の反復や期間、被害者の年齢・性別・健康状態、肉体的精神的心理的効果など、状況に応じて相対的に判断しなければならない(加えられる苦痛の程度に応じて、品位を傷つける取扱いや非人道的取扱いから、拷問へと段階を上げていくことになる)。これは欧州人権裁判所において確立されてきた評価方法であり、この方法により、1999年7月28日のフランスを被告国とする判決では、オランダ・モロッコ国籍の男性に対する警察留置場での取調べにおいて拷問があったと認定された。被害者は、4日間続いた警察官による取調べにおいて、こぶしや警棒で殴る蹴るなどの暴行を受け、性的辱めも受けたとされる。裁判所は、拷問等禁止条約の定義に依拠しつつ、「申立人に対する身体的精神的暴力は、全体として考慮すれば、重い苦痛を引き起こした」と判断している(European Court of Human Rights, Case of Selmouni v. France, 28 July 1999, paras.91-106.)。

また、1985年12月9日の「拷問を防止し処罰するための米州条約」が、「被害者の人格を破壊することまたは被害者の肉体的もしくは精神的能力を減損することを意図した方法の使用は、肉体的苦痛もしくは精神的苦悶を生じさせない場合でも同様に拷問であるとみなす」(2条)と規定していることも、現代の拷問の技巧的に洗練された形態に対応する意味で重要であろう。つまり、薬物の使用などによって被害者の身体や精神に重大な影響を及ぼす場合には、表面的には苦痛を発生させなくとも拷問とみる余地があるのである。これらに共通する認識は、欧州人権裁判所の言葉を借りれば、「人権保護の領域で必要とされている高度の基準は、(拷問等の禁止のような)民主主義社会の基本的価値の侵犯を評価する際には、当然かつ不可避なことであるが、いっそう断固たる態度を要求している」(Ibid.,para.101.)という点である。

2.目的または動機

本条約は、拷問の目的や動機に関して想定されるケースを可能なかぎりカバーしようとしている。拷問等禁止宣言の定義では、情報や自白の取得、処罰、脅迫のためになされる拷問のみに言及していたが、本条約ではより広く、人に何かを強制するためや差別的動機(差別事由は特定されていない)からなされる拷問も含まれている。つまり、レイプなども条約上の拷問となりうるのである。もっとも、1条のリストは網羅的なものではなく、あくまで例示である。「その他これらに類することを目的として」(英語正文ではfor such purposes as)という文言がそれを示している。したがって、外観上はサディスティックな動機でなされる拷問のように、条約上の例示リストには完全には合致しないものであっても、十分に条約によりカバーされよう。

3. 公務員等の関与

　本条約にいう拷問は、公務員や公的資格で行動する者がなんらかのかたちで関与していることが要件とされる（16条によれば、拷問に至らない非人道的取扱い等も同様である）。拷問の定義は、これらの者が自ら直接実行した場合だけでなく、これらの者の扇動、同意、黙認による場合も含んでおり、締約国は、これらの者の行為を拷問犯罪として処罰しなければならない。とくに「黙認（acquiescence）」という概念は重要である。これにより、拷問を防止すべき立場にある者が、拷問発生の事実やその可能性を知りながら適当な防止措置をとらなかった場合には、黙認による拷問犯罪が成立することになる。つまり、公務員等は、拷問をしてはならない義務とともに、適切な拷問防止措置をとる義務が生ずるのである。

　条約の起草過程では、公務員に限定することなく、私人も含め、締約国の管轄下にあるすべての個人に条約は適用されるべきとの意見も出た。しかし、これに対して、公務員による拷問は私人による拷問とは性質上異なり、本来的に重大であるとか、私人による拷問は国内法によって対処されるべきであって、国際的な行動は国内法上の措置がとられる可能性が少ない事態を主にカバーすべきと反論された。確かに、条約の作成が政府による組織的拷問への国際的取組みをめざして始まったことを考えれば、当時の関心が主としてofficial tortureにあったことは疑いない。そして、それが本条約の拷問の定義にも反映したのである。この点、今日顕在化している拷問の諸相はより複雑である。内戦や民族紛争において繰り広げられている暴力は、国内法の規制に実効性がない状況で、非政府行為者が拷問加害者となっていることを示しており、ここに本条約のひとつの限界があることは否めないであろう。もっとも、条約は私人による拷問をまったく除外しているわけではない。私人についても、公務員等の扇動や同意・黙認の下に拷問を行えば、条約が適用され、4条の下での拷問犯罪となる。この場合、拷問を防止しうる立場にあってそれをしなかった公務員も、そして実行した私人も処罰の対象となるのである（同様に、公務員の拷問に加担した私人も処罰対象となる）。

　条約は規定上、条約の保護対象つまり拷問の被害者の範囲を限定してはいない。したがって、拷問の被害者として、刑事被拘禁者だけでなく、出入国管理施設の収容者や精神病院等の医療施設の強制入院患者など、広義の被拘禁者も想定されていることは間違いない。実際、条約起草の経緯からいって、広義の被拘禁者の保護が第一義的関心事であったことは確かである。条約起草に深く関わったヘルマン・バーガーズなどによれば、「自由を奪われた者、または、苦痛を加える者の少なくとも事実上の権力や支配の下にある者」が条約上の被害者であると理解されている（J. Herman

Burgers and Hans Danelius, The United Nations Convention against Torture, 1988, p.120.)。条約の10条と11条が被拘禁者を念頭に置いた規定であることや、拷問禁止委員会の各国の報告審査における勧告をみても、この点は首肯しうる。しかし、「事実上の権力や支配の下にある者」の意味を弾力的に解せば、被拘禁者に限定せず、学校の生徒なども条約の保護対象となるのではないか。非人道的取扱い等に適用される16条の保護が、既存の国際人権規範のレベルを下回ることはありえないことからも、そう解釈するのが合理的である。1992年の自由権規約委員会の一般的意見20のいうように、拷問や非人道的取扱い等を禁止する自由権規約7条は「教育・医療施設における子ども、生徒、患者」に適用される（5項）ことに留意すべきである（しかしながら、1999年4月22日の衆議院における答弁で外務大臣は、「学校における教育行為が公権力の行使に当たるとは考えられない」として、学校における体罰は本条約の対象外と述べている）。

4.日本との関連

　日本政府は条約加入に際して、その義務の実施のために「新たな立法措置及び予算措置を必要としない」という方針をとった。しかし、まず、現行の国内法で、条約上の拷問の定義に十分対応できるか疑問がある。国会審議によれば、政府は、刑法195条の特別公務員暴行陵虐罪、暴行罪、脅迫罪等で対応可能との説明である（たとえば、1999年4月22日の衆議院における法務大臣答弁）。拷問に関する主要法令であると考えられる特別公務員暴行凌虐罪は、特別公務員に対して加重された刑を科するものであるが、その適用対象を、裁判、検察、警察の職務を行う者（補助者を含む）と、法令により拘禁された者を看守・護送する者に限定しており、その他の公務員などはそこから除外されている。また、精神保健法に基づく措置入院、医療保護入院などの非自発的入院に関連して、指定医や入院した病院の医師や看護士にこの法律を適用するには限界がある。他方、これらの者は、私立病院であったとしても、条約上は「その他の公的資格で行動する者」のカテゴリーに入ると思われる。さらに、「精神的拷問」が現行法で十分カバーされうるのか疑問である。精神的拷問が特別公務員暴行陵虐罪にいう陵虐・加虐にどこまであたるのか明確でない。加えて、公務員の「黙認」は実際に処罰されうるのか。特別公務員暴行凌虐罪が、こうした不作為による犯罪に適用された実例はどの程度あるのか。このように、刑法195条の特別公務員暴行陵虐罪の内容は、条約上の拷問の定義の観点からは、不十分といわざるをえない。

　条約は、条約上の拷問を「重大な」犯罪として処罰するよう求めている（4条2項）。これは、「拷問の処罰は国内法において最も重大な犯罪に適用される刑罰に類するも

のであるべき」という意味であるとされる(Ibid.,p.129.)。この点、暴行罪や脅迫罪の適用では条約の趣旨が十分生かされないことになろう(特別公務員暴行凌虐罪の刑が7年以下の懲役または禁錮であるのに対して、暴行罪や脅迫罪は2年以下の懲役にとどまる)。したがって、罪刑法定主義の立場からも、条約の定義を十分に取り込むよう特別公務員暴行凌虐罪を改正するか、あるいは新たに「拷問罪」を設けるといった対応をする必要はなかったか。実際、拷問禁止委員会における各国の報告審査の場でも、条約上の拷問の定義を明確に刑法に導入するよう、しばしば指摘がなされているのである(最近でも、スイス、フランス、ドイツなどに関して、こうした勧告がなされている。それぞれ、U. N. Doc. A/53/44, paras.97, 144, 190.)。

次に、行政の運用・実態に多くの問題があることは、1998年10月の自由権規約委員会における日本政府報告審査をみても明らかである。その最終所見(U. N. Doc. CCPR/C/79/Add. 102.)によれば、被拘禁者の取扱いに関して自由権規約と両立しない問題点が多々指摘されている。たとえば、入国管理施設の収容者の状況、代用監獄制度の現状、刑務所内の取扱いなどに関して具体的な懸念と改善勧告が示されている。これらは、拷問の温床となる条件が日本にも現実に存在することを示している。いずれも本条約と直接関連する問題であり、2条1項の拷問防止義務を果たすために実効的な改善措置をとる必要がある。こうした勧告に対してなんら取り組むことなく本条約に加入することは、ただ問題を先送りするだけである。また、条約11条が規定する尋問方法や被拘禁者の取扱い措置の再検討は、既存の制度や慣行の体系的な見直しを義務づけるものであり、その意味でも重い課題が日本政府に突きつけられているといわざるをえない。先にみたフランスに関する欧州人権裁判所の判決のように、民主主義国においても国内的に救済されない拷問事件は発生するのであるから、こうした教訓を真剣に受け止め、自由権規約委員会勧告の誠実な実施がなされねばならないであろう。

4. 拷問のおそれのある国への送還等の禁止

本条約の3条1項は、難民条約33条1項にいうノン・ルフールマン原則(迫害国への難民の追放・送還禁止)を、拷問の観点から確認した規定ともいえる。しかし、いくつかの新たな要素も見出される。まず、本規定では「いずれの者」も、拷問のおそれのある国への送還等から保護され、難民に限定されているわけではない(もっとも、難民条約でも当該国により難民認定された者だけが保護対象ではないが)。次に、難民条約とは異なり、追放、送還に加えて、犯罪人引渡しにも適用が及ぶ。さらに、これらの点とも関連するが、本規定は、当該締約国の内外で重大な犯罪を行った者にも適用

され、難民条約のように重大犯罪等による除外（1条f、33条2項）はない。この意味では、本規定上の義務は、締約国がこれを留保しないかぎり、絶対的なものといえる（Bent Sørensen, CAT and Articles 20 and 22, Torture, Vol.8, No.3, 1998, p.79.）。

　3条2項も重要な規定である。締約国の権限ある当局は、拷問のおそれの実質的な根拠があるかどうかを決定する際、「すべての関連する事情」を考慮しなければならないとされるが、関連事情のなかには、関係国における「一貫した形態の重大な、明らかな又は大規模な人権侵害の存在」が含まれることを、とくに強調しているのである（こうした冗長な表現になったのは、植民地主義や侵略・占領といった外的な要因に関わる事態を強調しようとする社会主義国や発展途上国の主張と、国内的な人権侵害事態をも重視しようとする西側諸国の主張とを妥協的に羅列した結果であった。こうした起草当時の政治的対立にかかわりなく、実際には人権委員会の1235公開審議・調査手続や1503秘密通報手続で扱われているような事態を想定すればよいであろう）。つまり、その国の一般的な人権状況といういわば情況証拠をも考慮するよう求めた規定である。確かに、拷問のおそれは、最終的には個人に関わる具体的な事情の評価により決定されるものであるが、個人にその全面的な立証を求めることは「不合理であるし、条約の精神にも反する」ことになりかねない（J. Herman Burgers and Hans Danelius, op. cit., p.127.）。そこで、一般的人権状況に証拠価値が与えられることにより、結果として拷問のおそれの立証程度の緩和に資することになる。もっとも、大規模人権侵害の存在はそれだけでは、当該個人に関する拷問のおそれの十分な根拠とはなりえないし、逆にそうした人権状況が存在しなくとも、その者の特定の事情が拷問のおそれを示すこともある。要は、「すべての関連する事情」が評価されることなのである（Ibid., p.128; Bent Sørensen, op. cit., p.80.）。

　ところで、本条約3条は、条約22条に基づく個人通報制度の現実の運用において特別な意味を持っている。というのは、これまでに拷問禁止委員会により検討された通報のなかで圧倒的に多いのが3条関連のケースなのである。たとえば、1999年5月の委員会第22会期の終了時点で、本案に関する計34件の見解のうち実に31件が3条関連であり、しかも条約違反の見解が出された16件のうち14件が3条に関する。違反を認定された締約国は、オーストラリア、カナダ、オランダ、スウェーデン、スイス、ベネズエラであり、スウェーデンが7件と最も多い。スウェーデンのように、独立した機関によって難民条約以上の保護を与えている国に対してもこうした厳しい判断が出されていることを考えれば、3条の義務履行に関して拷問禁止委員会が締約国に求めている基準はかなり高いものといえる。そこで委員会は、1997年11月に個人通報制度に関連して「条約3条の実施に関する一般的意見」を作成し、3条の解釈と適用に関する

委員会の立場を示した。たとえば、拷問のおそれは、単なる理論的可能性を超える根拠に基づき評価されねばならないとしつつも、「そのおそれは、高度の蓋然性の基準を満たす必要はない」としている。そして、拷問のおそれの評価の際にとくに役立つ情報として、関係国における大規模人権侵害の証拠とその状況の変化の動向、当該個人が過去拷問や虐待を受けたかどうか、そしてそれを裏づける医学的その他の証拠と後遺症、当該個人が反政府的な活動に従事していたかどうか、当該個人の信頼性に関する証拠、当該個人の主張する事実に非一貫性がないかどうか、などを挙げている。さらに、委員会は、締約国の事実認定を尊重しつつも、各ケースの一連の状況に基づき自由に事実の評価をする権限があることを確認している（U. N. Doc. A/53/44, Annex IX.）。また、委員会が締約国と異なる評価に至る理由として、一般的意見にいうような基準に依拠していることのほかに、情報源として、締約国が自国大使館からの情報に基づくことが多いのに対して、委員会は、UNHCRなどの国際機関やNGOからの情報を重視していることも指摘されよう（Bent Sørensen, op. cit., p.80.）。こうした委員会による3条に関する意見や実行は、締約国である以上、個人通報制度を受諾しているかどうかにかかわりなく、3条の義務を果たしていくうえでの最も権威ある行動指針として受け止めなければならないであろう。

　3条は日本においても重要な問題を提起する。まず、現行の難民認定制度との関連である。日本の難民認定は、1982年から1999年までの数字において認定数238件ときわめて少ない。この大きな要因のひとつとして、入管法61条の2に規定するいわゆる60日ルール（上陸後あるいは日本にいる場合は難民となる事実を知ってから60日以内に難民認定請求しなければならない）の厳格な運用と、申請者側に課せられた重い立証責任が挙げられる。このため、難民認定を受けられないまま、「拷問が行われるおそれがある」国に、退去強制される危険性は多分にある。2項は、そうしたことが生じないように、関係国の一般的人権状況を含め、「すべての関連する事情」を考慮するよう求めているわけだが、形式的な要件だけで実質的な審査をすることなく不認定とする60日ルールの運用や、状況証拠を軽視しがちな申請者の立証責任の強調は、この条項に一致しない可能性が多分にある。

　また、現行入管法53条3項は、難民条約33条2項に従い「日本国の利益又は公安」を理由とするノン・ルフールマン原則の適用除外を認めているが、これは前述した本条約3条の絶対性と両立しないおそれがあり、改正の余地があろう。

　さらに、逃亡犯罪人引渡法とその適用にも問題がある。同法は、政治犯罪人不引渡し原則は定めるが、拷問や非人道的取扱いなどを受けるおそれのある場合の引渡し禁止を明示してはいない。1989年末に起こった中国民航機ハイジャック事件（張振海

事件）で、中国に犯人を引き渡すことができるかどうかの審査を行った1990年4月20日の東京高裁決定は、拷問等のおそれを理由とする自由権規約7条違反の争点についての判断を回避し、引渡し可能と結論し、その直後法務大臣から引渡し命令が出され犯人は中国に引き渡された。しかし、東京高裁も、「人権保護に関する一般的事実状態に問題があり、国際人権規約の定める趣旨に反する扱いがされるかもしれないとの疑いが解消されない国へ引き渡すことが、同規約を批准しているわが国の態度として相当であるか否か」（判例時報1344号51頁）という問題は認識していたのであり、それにもかかわらず引渡しを認めてしまったことは、制度上の欠陥といわざるをえない。本条約3条は、こうした場合の引渡しを明示的に禁止しているから、引渡し審査を行う裁判所が、3条を直接適用せずに、張振海事件と同様の対応をするなら、本条約の違反が生ずるといわざるをえない。3条の義務の履行を制度的に担保するためには、逃亡犯罪人引渡法2条に定める引渡し制限事由に3条の内容を盛り込む改正が必要であるように思われる。

5. 普遍主義

本条約は、5条から7条にかけて、拷問犯罪の訴追・処罰のため、裁判権を設定するのに必要な措置を締約国に義務づけ、さらに、その訴追・処罰をより確実にするため、領域内に所在する容疑者の抑留その他の法的措置および権限ある当局への事件の付託を締約国に義務づける。これら一連の規定において最も特徴的なのは、拷問犯罪に関して、容疑者所在国に「引き渡すか訴追するか（aut dedere aut judicare）」の二者択一の義務を課し、このため容疑者所在国がまったくの第三国であっても裁判権を行使しうるという普遍主義の考え方が採用されている点である。

通常、各国の刑事裁判権の行使は、犯罪行為地国による裁判（属地主義）と容疑者の国籍国による裁判（国籍主義）が基本であり、例外的に被害者の国籍国による裁判（受動的属人主義）も認められる。本条約では、優先順位を設けることなくこうした裁判権設定の根拠を規定するとともに（5条1項）、これら裁判権を行使しうる国に対して容疑者を引き渡さない場合、容疑者所在国に裁判権設定のための措置をとるよう義務づけているのである（5条2項）。また、この普遍主義による裁判権（普遍的管轄権）を実際に行使させるよう、容疑者を引き渡さない場合に容疑者所在国が「訴追のため自国の権限ある当局に事件を付託する」義務も明確にされている（7条1項）。

なお、容疑者所在国による管轄権の行使は、関係国から犯罪人引渡し請求がありそれを拒否した場合に限定されるのか、引渡し請求がない場合でも義務づけられるのか、という問題が生ずる。前者の解釈では、普遍主義の適用が非常に限定的なもの

となり、条約の実効性が弱められること、また、条約規定上の文言は、引渡しがなかったという事実に言及するだけで、引渡し請求の有無については何も触れていないこと、などから後者のように解するのが適当である（J. Herman Burgers and Hans Danelius, op. cit., pp.133, 137.）。

　本条約における普遍主義の採用を意義づけるならば、次のようにいえよう。条約作成のそもそもの意図は、拷問に対して国内的な対応のとられる可能性が少ない事態、つまり拷問が制度化・組織化している事態に対して国際的に対処するという点にあった。そうした状況下では、当該国が拷問を行った公務員等を訴追、処罰することは、よしんばその国が本条約の締約国であったとしても、あまり期待できないであろう（属地主義の限界）。したがって、普遍主義に基づく処罰の可能性は、国家によって容認された個々の拷問行為者にとって、国際的レベルでの抑止的効果を及ぼすことになる。もっとも、普遍主義の行使は、これらの拷問行為者が、旅行などの私的目的のために自国を離れ、他国に赴いた場合を想定しているが、ピノチェト事件にみられるように、かかるケースは決してありえないことではない。また、政権の変更などがあり、自国を脱出した拷問行為者に対して、法的、政治的な理由により引渡しが不可能な場合にも、普遍主義の行使が考えられる。

　こうした普遍主義は、ハイジャックや人質行為などのいわゆる国際的テロ行為に関する諸条約の国際協力方式をモデルにするものであり、拷問が国際犯罪として性格づけられたことを示すものである（もっとも、理論上は「国際法上の犯罪」と考えるのか、「諸国の共通法益を害する犯罪」と考えるのかについては、議論のあるところである。前者については、国際裁判所により個人の刑事責任が追及されうることが特徴とされるが、1998年7月ローマで採択された国際刑事裁判所規程では、拷問行為は人道に対する罪を構成するレベルになってはじめて裁判所の対象犯罪となるのであり、拷問それ自体は対象犯罪とはなっていない）。ただ、国際的テロ行為に関する諸条約が主として私人による行為を想定しているのに対して、本条約はなんらかのかたちで公務員等が関与する行為を対象としており、こうした国家の公権力を背景とする犯罪に対して普遍主義を導入したことに、この条約の斬新さがあるといってよい。

　本条約の普遍主義体制に関わる重要な先例が、ピノチェト事件である。これは、チリのピノチェト元大統領が、1998年10月17日、スペインの発した国際手配状を受けて、イギリス当局によりロンドンの病院において逮捕された事件である（後日スペイン政府は正式の引渡し請求を行った）。容疑事実は、とくに軍事クーデター以後の1973年から1990年までの大統領在任期間中チリ国内でのスペイン人などに対する人道に対する罪、ジェノサイド、拷問、テロであった。この逮捕に対しては、同年10月28日

高等法院女王座部合議法廷が、元国家元首の裁判権免除を理由として逮捕を違法としたが、結局1999年3月24日イギリスの最高裁判所にあたる貴族院は、逮捕を合法とする判決を下した(Reg. v. Bow Street Magistrate, Ex p. Pinochet(No.3) [1999] 2 W.L.R. 827.)。貴族院判決は、「(イギリスにつき本条約の効力が生じた)1988年12月8日以後に起きた拷問および拷問共謀の罪について犯罪人引渡手続をとる限り」逮捕合法としたが(この結果引渡犯罪は3件の容疑に限定化)、これはスペインの立場とは異なり、逮捕と引渡しの法的根拠をもっぱら本条約に求めたからであった。多数意見によれば、イギリスは本条約の批准に伴い、普遍主義の要素を取り込んだ拷問罪を設けたが(刑事司法法134条)、これにより犯罪人引渡しにおける双方可罰性の要件(引渡犯罪は請求国と被請求国の双方の刑事法令により同様に犯罪とされる行為に限られる)が満たされることになる。また、最大の争点となった元国家元首の裁判権免除に関しては、イギリス、チリ、スペインがともに本条約の締約国であり(イギリスの批准が最も遅れた)、公務員による拷問に関して普遍的管轄権を承認し合っていることを理由に、拷問犯罪に関して元国家元首の裁判権免除は存続しえないとした。このように、貴族院は、ピノチェトの逮捕と引渡しの合法性の根拠を、本条約の普遍主義とその実施立法に求めたのであった。ところで、イギリスがピノチェトをスペインに引き渡さないのであれば、本来は条約7条1項に従い、自国での訴追のための手続をとらなければならない。この点は、拷問禁止委員会によっても、イギリスに関する第3回報告審査の際に勧告されている(U. N. Doc. CAT/C/UK, 17/11/98.)。

　このように、ピノチェト逮捕と貴族院判決は、本条約の普遍主義の適用が理論的可能性にとどまらないことを実証した。とりわけ、本条約作成のひとつのきっかけともなった、チリ軍政下の組織的拷問のいわば最高責任者ともいえるピノチェトがその対象となったことの象徴的意味はきわめて大きく、抑止的効果の増大につながることが期待される。国連人権高等弁務官が判決直後、「(人権侵害の)免責を許さないとする国際的闘争のもうひとつの重大なステップ」と評価する声明を出しているのも、この事件の先例としての重要性を十分に認識しているからであろう(U. N. Doc. HR/99/24.)。

　しかし、貴族院判決にも問題がないわけではない。とくに本条約との関連でいえば、次の点が指摘されよう。まず、判決の多数意見の論理では、仮にチリが本条約の締約国でなかったら、拷問犯罪に関する普遍主義をチリが承認していないことになり、結果としてピノチェトを免責することになろう。つまり、判決は、普遍主義の適用を条約締約国間の相互主義的枠組みで捉えているのである。こうした考え方をすると、非締約国で起きた拷問犯罪や容疑者が非締約国国民の場合、締約国は、条約を

適用して普遍主義を行使することができなくなる。この点に関しては、本条約は、締約国に対して、普遍主義の行使を義務づけたことに主眼があるのであり、条約によってはじめて普遍主義の行使が許されたわけではない、という批判がなされよう。むしろ、普遍主義に基づく拷問犯罪の訴追を許容する慣習国際法の存在が、条約により確認されたといえる。したがって、拷問犯罪の行為地国や容疑者の国籍国が条約締約国であろうとなかろうと、普遍主義の行使は権利として（締約国の場合は同時に義務として）合法的にできるのである（N. S. Rodley, The Treatment of Prisoners under International Law (2nd ed.), 1999, p.130. より一般的には、M. Akehurst, Custom as a Source of International Law, B.Y.I.L., 1974-75, 1977, P.44.）。

次に、判決は、元国家元首の裁判権免除は事項的で限定的なものであって、本件では免除されないとしたが、他方現職の国家元首、政府代表、大使等には、属人的絶対的免除が与えられるとしている。条約自体は、この問題について何も触れていないが、こうした伝統的国際法の下での主権免除や外交特権を優先する立場が、公務員による拷問を絶対的に禁止しそれを防止することを目的とする条約の解釈として、一貫しているといえるのか、検討を要しよう。

なお、本事件は、2000年3月2日にイギリス内相が、ピノチェトの脳障害ゆえに裁判に耐えられないという理由で釈放を決定したことにより、ピノチェトのチリ帰国という結末で幕を閉じた。健康上の理由とはいえ、「引き渡すか訴追するか」という本条約の原則からすれば、割り切れない印象は拭えない。しかし、ピノチェト逮捕の合法性が本条約を根拠に確認されたことは揺るがしがたい事実であり、その影響は1つの事件を超えた国際的広がりを持つことは間違いない（実際、2000年2月3日、セネガルの裁判所が、滞在中のチャドの前大統領に対し、政権時代の人権侵害を理由として身柄拘束と起訴を決定したが、これも本条約を根拠のひとつとしており、ピノチェト事件の明らかな影響が読みとれる）。

日本については、普遍主義に基づく処罰に関しては、刑法4条の2（条約による国外犯）の規定により対応可能である。よって、日本に域外で拷問犯罪を行った他国の公務員等が所在する場合、条約上の義務として、まず逮捕等の措置をとらなければならない。告訴・告発、国際手配、犯罪人引渡請求などがあれば、なおのことである。もちろん、証拠収集など実際的困難が存在し、そうした点につき締約国の裁量的判断がはたらく余地はある。したがって、問題は、現実に行使する意思があるか否かであるが、外務大臣は1999年6月8日の衆議院外交・防衛委員会において、イギリスのような行動は「日本だとなかなか難しい」と発言しており、消極的な態度を示している。

6. 実施措置

　実施措置は、締約国による条約遵守を国際的に監視するための仕組みであり、条約を絵に描いた餅に終わらせないためにきわめて重要であり、本条約の存在理由のひとつともいえる。これがあることにより、拷問禁止の国際体制の実効化が図られるのである。この任務を担当するのが拷問禁止委員会であり、個人資格の10名の専門家より構成される。委員は、締約国の会合において選挙され、任期は4年で再選可能である。委員の多くは法律家であるが、医者や心理学者なども含まれている。本条約の実施措置としては、次のものがある。

1. 報告制度 (19条)

　実施措置として最も一般的なのは、全締約国に義務的な報告制度である。締約国は、条約の実施状況に関して、自国につき条約が発効してから1年以内に1回目の報告書を、その後は4年ごとに定期報告書を委員会に提出して、審査を受ける。審査は、他の人権条約同様、政府代表と委員会との質疑応答が中心であり、1カ国につきだいたい2会合にわたって行われ（約4～5時間程度）、最後に委員会の結論・勧告が採択される。審査される国ごとに報告者とその代理が委員のなかから選ばれ、この国別報告者が審査をリードする。また、政府報告書の内容が不十分であるとき追加的な報告書の提出が要請されることもある。

　たとえば、イギリスの報告審査は、今まで3回行われている。1回目は1991年11月。全般的には条約上の義務に合致しているが、北アイルランドの実施状況は満足がゆくものとはほど遠いとされた。とりわけ、2条の拷問防止義務との関連で、警察による尋問のテープ記録の不存在、尋問の際に弁護士の立会いを要求する被疑者の権利の欠如、黙秘権の否認などについて、憂慮が表明された (U. N. Doc. A/47/44, para.125.)。ソレンセン委員によれば、この審査の会合にはBBCが入り、そのもようは後日テレビで放送されたという（報告審査は公開会合で行われるので、プレスも含み傍聴することは問題なく、委員会が同意すればカメラも入れる）。審査後の翌年1月には、拷問の申立が1カ月100件から10件に減少したという (CPR, News Letter, No.14, p.7.)。2回目の審査は1995年11月に行われ、前回審査以降の積極的側面を評価するとともに（たとえば、刑事施設のリニューアル、警察・監獄・入管職員の訓練、プリズン・オンブズマンの任命など14項目に及ぶ）、北アイルランドでのテロ関連事件の尋問においてはいまだテープ録音や弁護士の立会いが実現していないことなど、9項目について勧告がなされた (U. N. Doc. A/51/44, paras.58-65.)。3回目の審査で

は、ピノチェト逮捕から間もない1998年11月に行われたこともあって、この問題が大きく取り上げられ、拷問容疑者を「引き渡すか訴追するか」という条約上の義務を果たすよう勧告された（前述）。

このように報告審査は、他の人権条約同様、当該国との「建設的な対話」をめざすものであり、法的責任（条約違反）を追及するものではないが、当該国の問題状況が的確に指摘され、拷問を防止するために必要な諸措置が勧告される。NGOからの情報を十分に活用しながら、制度の公開性、定期性がうまく機能すれば、効果的となろう。

2. 調査制度（20条）

調査制度は、委員会が入手した信頼すべき情報に基づき、自らのイニシアチブで締約国政府による組織的（制度的）拷問の調査を行うものである。人権条約の実施措置としてはユニークなものといえ、条約の成立経緯からすれば条約の目玉となるべき制度である。情報源は、国際機関、NGO、個人などいずれでもよいが、組織的拷問の実行に関する十分に根拠ある情報を含んでいることが必要である。したがって、個別的な拷問事件ではなく、一定の政府機関によって恒常的にかつ広範囲にわたって拷問が行われていることを示さなければならない。委員会は、当該締約国の協力を求めながら手続を進め、本来は現地調査に基づいて調査結果が出されることになる。

もっとも、現地調査の受入れは締約国の義務ではないため、当該国との交渉が難航し、エジプトの場合のように現地調査の同意を得られぬまま調査が終了することもある。また、20条5項に規定するように、手続は非公開が原則であり（手続の結果の概要の公表を除き）、このため調査対象国、調査内容を含め、手続の実態はほとんど明らかにされていない。国連の人権活動においては、国際世論の圧力を当該国にいかに効果的に及ぼすことができるかが生命線であり、その点ではこの非公開原則が制度の実効性を阻害する要因となっていることは否定できない。

ちなみに、現在までに調査概要の公表に至っているのは、トルコとエジプトだけである。トルコは警察署、エジプトは国家公安局による組織的拷問が認定されている（それぞれ、U. N. Doc. A/48/44/Add. 1; A/51/44, paras.180-222.）。なお、この制度に関しては、条約の署名または批准・加入の時に留保することが認められており（28条）、現在11カ国が委員会の調査権限を認めていない（日本はかかる留保はしていない）。

3. 個人通報制度（22条）

個人通報制度は、締約国による条約違反の被害者であると主張する個人が、直接委員会に申立をし、それに対して委員会がその締約国の行為が条約違反にあたるか

どうかを検討するものである。この制度は、手続を受諾した締約国に対してのみ適用される任意的なものであり、2000年1月19日現在41カ国が受諾しているにすぎない。したがって、通報件数はそれほど多くなく、1999年5月の時点で19カ国につき133件が登録されているにとどまる（そのうち本案については34件について判断が下され、16件の違反認定が出されている）。

　注目すべきは、前述したように個人通報のきわめて多くが3条関連のケースであり、スウェーデン、スイス、オランダ、カナダなどによる難民不認定とそれに続く送還命令に対して違反認定が出され、結果として送還執行の差止めにつながっていることである。これは、ある意味で当該国とは異なる難民性判断がなされているともいえる（もちろん難民認定そのものではないが）。送還執行の差止めを確保するために手続上重要な機能を果たしているのは、仮保全措置要請の慣行である。これは、通報が手続に係属している間委員会は、「被害者であると主張する者に起こりうる回復不可能な損害を回避するための措置をとるよう、当該締約国に要請しうる」（委員会手続規則108条3項）とするものである。締約国は条約上要請に応じる明示的な義務はないが、今まで1カ国（ベネズエラ）を除いて、各国ともこの要請に従い、手続が終了するまで送還を控えている（ベネズエラのケースは、ペルーへの犯罪人引渡しに関わる。委員会は3条違反を認定するとともに、要請拒否は条約の精神に反していると深い憂慮を示している。U. N. Doc. CAT/C/21/D/110/1998.）。また、3条関連以外のケースでは、オーストリアとスペインに対して、1件ずつではあるが12条・13条違反の判断（迅速な調査・審理義務違反）が出されている。

　なお、国家通報制度（21条）は、締約国の義務不履行を他の締約国が取り上げて委員会に申し立て、委員会が検討するものであり、制度を受諾した締約国間でのみ機能する。しかし、本条約も含めて国連の人権条約において国家通報がなされた例はない。外交上の配慮が通報の抑制要因となっていると思われる。現在43カ国が受諾している（イギリスとアメリカ、そして日本は国家通報制度のみを受諾している）。

　ところで日本は、他の人権条約同様、個人通報制度は受諾せずに本条約に加入した。相変わらず、司法権の独立の問題がネックとなっているとの説明である。たとえば、1999年4月22日の衆議院において法務大臣は、「個人通報制度にもとづき、ある個別の事案につきまして拷問禁止委員会が見解を示すということになりますと、当該事案またはこれに関連する事案に関する裁判官の審理、判断等に影響を及ぼすおそれがありうるので、慎重な検討を要する問題であると考えております」と述べている。この考え方からいうと、人権条約が援用されるような事例においても、国内の裁判官は、条約機関の先例や解釈を考慮すべきでないという立場のようである。しかし、条

約を締結した以上それを誠実に遵守することは憲法の要請であり、また日本では条約が国内的効力を持つ以上、それは当然司法機関にもあてはまる。そして、そうした条約を解釈適用する際、条約の国際的実施を担う権威ある機関の活動を尊重することは、憲法の要請からいってもむしろ当然でさえあろう。政府の説明は、まるで人権条約から裁判官を遠ざけようとしているかのようにみえる。この点、前述の自由権規約委員会の最終所見は、裁判官の規約への習熟度を高めるため、委員会の一般的意見や個人通報制度に基づく見解を裁判官に配布することなどを求めているが、こうした要求と相反する考え方といわざるをえない。

その一方で政府は、今のところまったく機能していない国家通報制度の受諾宣言を行った。この点に関する公式的な説明はなされていないようである。この制度を受諾している国は、アメリカ、イギリスを除き、個人通報制度を含む条約の実施措置を全面的に受け入れるかたちで、この制度もいわばセットで受諾しているのである。しかし、現実に機能していないこの制度だけをあえて受諾するとなると、問題は別である。何か特別な意図があるのか。日本が積極的に申立権を行使して他の締約国を訴え、制度を活性化したいというのであろうか。もし制度が機能していないから訴えられる心配がないとか、アメリカ、イギリスがそうしているからというのが本音だとすれば、それは公式的な理由にはなりえない。それでは、条約を絵に描いた餅に終わらせないために存在する実施措置の趣旨に反する態度ということになろう。また、国家通報制度にしても、個人通報同様国内的救済完了原則が適用されることからみて（21条1項（c））、個別事案が取り上げられ、それにつき委員会が見解を示す理論的可能性は残り、政府のいうような「司法の独立」の問題がないとはいいきれない。いずれにせよ、個人通報制度の受諾にあたっては「制度の運用状況をさまざまな角度からさらに検討する必要がある」とする政府の方針（1999年4月22日の衆議院における外務大臣答弁）が、国家通報制度にはまったく適用されていないのはどうしてか。少なくとも国連の人権条約の国家通報制度には、その運用状況を検討する材料はまったく存在しないのである。こうしてみると、国家通報制度の受諾は、現時点で政府にとってまったく安全な制度に参加することにより、条約の実施措置への協力姿勢を示すポーズといわれても仕方がないように思われる。

（いまい・ただし）

刑事被拘禁者の人権保障における「拷問等禁止条約」の意義

弁護士・監獄人権センター・日弁連拘禁二法案対策本部委員　海渡雄一

1. はじめに

　日本政府は拷問等禁止条約についに加入した。遅きに失したとはいえ、加入はひとつの出発点として心から歓迎したい。拷問等禁止条約が取り扱う拷問、非人道な処遇、品位を傷つける取扱いなどは、拘禁された状態で発生することが一般的である。拷問禁止委員会による各国の政府報告書審査では、刑事被拘禁者の問題が重要な問題として取り上げられている。

　監獄人権センターは1997年5月、アムネスティ・インターナショナル日本支部などとも協力して、拷問禁止委員のベント・ソレンセン氏を招いてセミナーを開催するなど条約への加入のための活動を行ってきた。センターは委員会に日本の刑事被拘禁者の状況についてNGOレポートを提出するなど、この条約に基づく手続に積極的に参加していきたいと考えている。

2. 日本の刑務所における人権状況

1. 1998年規約人権委員会最終見解

　日本における被拘禁者の人権状況には、多岐にわたる問題点がある。1995年には、国際的な人権団体ヒューマン・ライツ・ウォッチによる調査レポートが公表された。アムネスティ・インターナショナルは1997年には「外国人の拘禁」、1998年には「日本の刑事施設における残虐な懲罰」をそれぞれ公表している。日弁連も1998年に、「市民的及び政治的権利に関する国際規約（自由権規約）」に基づき規約人権委員会に提出したカウンターレポートにおいて、一章をあてて刑事被拘禁者の人権状況を分析している。私たちもNGOレポートを提出した。以下には、これらの内外の人権団体の報告を踏まえて1998年10月に行われた規約人権委員会の日本政府報告書の審査において指摘された問題点を紹介することとする。

　右最終見解はその27項において「委員会は、規約2条3項（a）、同7条、および同10条の適用について深刻な問題が生じている日本の刑務所制度の諸側面に関し、深

い懸念を抱いている。とくに、委員会は以下の事項について懸念を有している」として6つの項目を取り上げている。

2. 苛酷な所内規則

　最終見解27項aは「受刑者が自由に話をしたり、周囲と親交をもつ権利、プライバシーの権利等を含む基本的な権利を制限する苛酷な所内規則」としている。

　法務省が作成した通達、刑務所における規則が非公開とされていること自体が大きな問題である。日弁連などが入手した刑務所内部のルールでは、トイレに行くことや、他の受刑者と話をすること、室内で体を拭くことなど、日常生活のすみずみまでにも看守の許可が必要であり、守ることの困難な規則となっている。作業中1メートル先にある材料を取るのでも、手をあげて職員がそれに気づくまで黙って待っていなければならない。職員がそれに気づき許可がおりて、はじめて移動することができる。作業上で同囚と打ち合わせる必要のある場合も同様である。トイレに行く場合も挙手をして職員の許可を求めなければならない。一瞬の脇見や一言の私語でさえ、懲罰の対象となる。居房内でも自由に立ち歩いたり、寝転んだりすることが禁じられ、一定の姿勢を保つことが強制されている。これも違反すると懲罰の対象になる。広島拘置所のケースでは、居房において新聞を読んでいた際、布団に肘がのっていたというだけで規則違反とされている。

　そして、このようなルールが、前述のように外部の者には非公開とされているため、規則の合理性の検討すら困難である。このような状況は規約7条や拷問等禁止条約1条の定義する非人道的な取扱いに該当するといわざるをえない。

3. 懲罰と厳正独居

　最終見解27項のb、c項は「b）厳正独居の頻繁な使用を含む苛酷な懲罰手段の使用」「c）規則違反を犯したとされる受刑者に対する懲罰を決定するについて、公正で開かれた手続の欠如」としている。

　前述した規則の違反や職員の指示に反した場合には、60日までの独居拘禁の懲罰が課される。この懲罰中は、本を読むことも、原則として房内で立ち上がることも、壁に寄りかかることすら許されず、房内で一定の位置に座っていなければならない。このような苛酷な懲罰を決定するための手続において、書面による事実の告知がない、弁護士など第三者の立会いが認められないなど、公正な手続が保障されていない。拷問等禁止条約11条は、人の拘禁と処遇にあたる者の尋問規則等の「組織的な再検討（Systematic review、政府訳では「体系的な検討」）」を加盟国に課している。同条

は、警察だけでなく刑事施設における懲罰手続にも適用される。拷問等禁止条約は、刑事施設における規則の合理性と公正な懲罰手続を強く要請しているのである。

　日本の刑務所のひとつの特徴は、このような懲罰を課されている者以外にも、昼夜間を通じて独居房に拘禁されている者が少なくないことである。未決拘禁者は独居房と雑居房に分けられ、雑居房内での私語は黙認されているが、独居房に収容された者が隣の房の者と連絡することは固く禁じられている。受刑者の多くは昼間は工場で共同生活を送っているが、一割程度の受刑者が集団生活に不適当とされ、昼夜間の独居拘禁とされている。独居拘禁の理由は、精神の障害や他の受刑者とトラブルを起こすなどの理由のほか、刑務所当局に対して訴訟を提起していることなども理由とされている。

　受刑者の場合、独居房内でも単独で作業が強制される。袋貼り等の作業に就かせるものであるが、長期に及べば身体的にも精神的にも健康を破壊することになるおそれの高いものである。このような処遇が13年も継続された旭川刑務所の受刑者のケースについて、旭川地方裁判所は1999年4月13日、このような処遇を適法とする判決を下した。

　1999年6月、参議院福島瑞穂議員の質問に対して政府から寄せられた回答では、25年以上拘禁されている無期刑受刑者のなかで独居拘禁となっている者が25名とされている。長期の独居拘禁が非人道的な取扱いであることは、規約人権委員会の見解においても認められてきた。規約では数カ月の独居拘禁も非人道的な取扱いとなるとしている（marais v. Madagascar (No. 49 / 1979)『国連人権規約先例集2』227頁）。日本の刑事施設における独居拘禁の実態はあまりにも非人道的であり、規約7条・10条に違反することは明らかである。

4.保護房革手錠の濫用と看守による報復

　最終見解27項のd、fは「d) 刑務官による報復行為に対し、不服申立を行った受刑者に対する保護が不十分であること」「f) 残虐で非人道的な取扱いとなりうる革手錠のような保護手段の多用」としている。

　前述したアムネスティ・レポートでは、「日本における刑事被拘禁者は組織的で、残虐な非人道的な若しくは品位を傷つける取扱いを受けており、残虐な懲罰にさらされる高い危険がある」としている。拘禁施設において、施設当局に裁判を提起したり、弁護士に依頼しようとしたり、国連の人権委員会に手紙を書こうとしたりした被拘禁者に対して、「反抗的な」というレッテルを貼り、システマティックな虐待が加えられている疑いがあるのである。保護房については、その使用の要件を定めた法律すらない。保

護房収容時に使用される革手錠は、後遺症が残るほどきつく締められることが通例である。両手とも体の後で締める使い方については、いたずらに身体的、精神的に強度の苦痛を与え、自分で用便の始末をすることも不可能であり、食事も犬のようにするしかないとして、違法とする判決が1998年1月21日東京高等裁判所で出されたが、革手錠の使用自体はいまだ禁じられていない。また、1996年7月には、松江刑務所浜田拘置支所で保護房に放置された受刑者が熱射病で死亡するという事件も起こっている。

5. 外部との交通の厳しい制限と死刑確定者への事前告知の欠如

最終見解21項は「委員会は、死刑確定者の拘禁状態に深刻な懸念を有し続けている。とくに、委員会は、訪問や通信の過度の制限、死刑確定者の家族や弁護人への執行の事前告知がなされていないことは規約に抵触すると理解している。委員会は、死刑確定者の拘禁状態を規約7条、10条1項に従い人道的なものにすることを勧告する」としている。この最終見解は死刑確定者について述べているが、外部から隔絶された状況は受刑者もまったく同一である。

1）弁護士との面会

未決被拘禁者は弁護人と秘密の面会ができる。しかし、受刑者、死刑確定者の再審請求のための面会、施設内の虐待に対する損害賠償などの訴訟の代理人の弁護士の面会にも看守が立ち会い、会話の内容を克明にメモしている。また、時間も30分以内に制限するなどの条件がつけられている。つまり、施設内での暴行事件等で係争している場合、被告側が、原告と代理人の打合せに常時立ち会うこととなり、通信のすべてが検閲されていることも合わせて考えればとても公平な裁判は望めないのである。

1997年11月25日に高松高等裁判所は、看守に暴行を受けたとして国家賠償訴訟を提起している受刑者と弁護士との面会が30分に時間制限されたこと、面会に立会いがついて、十分な打合せができなかった場合には違法であるとした。この判決は、規約の国内法的効力を認め、被拘禁者保護原則やヨーロッパ人権裁判所の判決例についても規約解釈の指針とすることができるとした点で画期的なものである。未決被拘禁者の弁護人宛の手紙も含めて、すべての弁護士宛の手紙は検閲の対象とされている。

このような取扱いは規約14条1項、3項b、被拘禁者保護原則18条3項に違反する。

2）受刑者および死刑確定者と友人、NGOとの面会、文通制限

未決被拘禁者は友人との面会を認められている。しかし、受刑者、死刑確定者は、

友人やNGOメンバーとの面会、通信を認められていない。家族との関係が断たれている被拘禁者には、まったく外部との交流がないこととなる。家族が遠隔地や海外にいる場合は、手紙のやりとりは可能であるが、面会を受けることは不可能である。

家族であっても認められていない死刑確定確定者もいる。こうした環境のなかで刑の定まった者は社会との接点が失われていく。1994年12月に死刑が執行されたY氏は、刑が確定する寸前に養子縁組を行った家族との面会・文通はついに認められなかった。養父母はY氏が遺体となってはじめて再会できたのであった。

このような厳しい外部交通の制限は、非人道的なものであるだけでなく、社会との接点を喪失させ、受刑者については社会復帰を困難にするものといわざるをえない。

3）死刑確定者の処刑前に告知がなされていないこと

死刑確定者本人に対する死刑執行の告知は、執行当日、執行の約1時間前に行われている。日本においてもかつては、死刑執行の告知が執行の前日までになされ、前夜までに遺言書を作成したり、家族と最後の面会をすることが実現していた。

死刑確定者の家族に対する事前の処刑の告知は、委員会の勧告後も依然として一切行われていない。1995年12月に死刑を執行された木村修治さんの場合は、死刑執行日に家族が面会に行っていたにもかかわらず、面会させず、死刑執行が終了した後に、「今朝、お別れをしました」と執行の事実が告げられ、家族に対し遺体引取りの意思の有無（拘置所の手によって火葬に付してよいかどうか）の確認がなされるのみであった。死刑確定者本人および家族に対する事前の告知がなされないことは、死刑確定者・家族にとってきわめて残酷なものであるばかりではない。死刑確定者に対する外部交通の極度の制限とあいまって、死刑確定者が、家族等を通じて、死刑の執行に対する救済手続をとる可能性が一切奪われていることを示している。このような死刑執行の現状は、「死刑に対する大赦、特赦又は減刑は、すべての場合に与えることができる」とする規約6条4項にも明らかに違反する。

3. 刑務所内の人権状況改善のための課題

1. 実効性のある人権救済の確立のために

1）規約人権委員会の最終見解

規約人権委員会はその最終見解9項において、日本における国家権力による人権侵害に対して実効性のある救済手段が欠けていることを指摘した。「9. 委員会は、人権侵害を調査し、その申立人に対し救済を与えるために利用可能な制度的な仕組みの欠如について懸念を有する。当局がその権限を濫用しないこと、および当局が実務において個人の人権を尊重することを確保するために、実効性のある制度的な仕組

みが必要である。委員会は、人権擁護委員会(日本)は、法務省の監督下にあり、また、その権限は勧告を発することに厳しく限定されていることから、そのような仕組みにはあたらないと考える。委員会は、締約国に対し、人権侵害の申立を調査するための独立の機関の設置を強く勧告する」。

また、27項は、受刑者について「d)刑務官による報復行為に対し、不服申立を行った受刑者に対する保護が不十分であること、e)受刑者による不服申立について調査するための信頼できるシステムの欠如」と述べている。

日本には、施設から独立した訪問者委員会、オンブズマン、刑務所査察官等の制度はない。矯正局内部の巡閲官、法務大臣への情願などの制度は存在するが、制度の公開性、実効性がまったくない。裁判による救済は制度的には可能であるが、時間と費用がかかり、また密室における人権侵害を立証することは容易ではない。また裁判の提起を理由に長期の独居拘禁とされることが通常となっており、訴訟はとうてい効果的救済手段とはいえない。「実効性のある救済」という概念は、人権保障制度の中核をなすきわめて重要なものである。国際人権機関が具体的な事件について、この概念についてどのような見解を示しているかを検討してみよう。

2)実効性のある救済に関するヨーロッパ人権裁判所判決について

最近、ヨーロッパ人権裁判所できわめて興味深い一連の判決が下されている。これら判決は、1996年12月18日付のAksoy対トルコ事件、1997年11月28日付のthe Mentes and Others対トルコ事件、1998年5月25日the Kurt対トルコ事件判決などがそれである。

これらの事件では、調査当局の態度が受け身で、効果的な救済が行われていないと考えられる場合には、国内救済手段を経ないでヨーロッパ人権条約機関に申立を行うことができるとされている。

3)実効性のある救済に関する拷問禁止委員会見解について

このような見解は拷問禁止委員会によっても一歩を進めるに至った。拷問等禁止条約12条は、当局に「迅速かつ公平な調査(investigation)」を義務づけ、13条は、申立人に「迅速かつ公平な検討(examined)を求める権利」を保障している。すなわち、十分な調査が実施されていないということ自体が拷問等禁止条約の12条および13条に違反するとしたのだ。

拷問等禁止条約は条約22条に基づいて、加盟国からの個人通報を受け付け、これを審査することができる。Halimi-Nedzbi対オーストリア事件の1992年5月5日付の見解は次のような内容である。この事件において申立人は1988年警察署で虐待され、殴られ、拷問を受けたと主張し、そのために眼に障害が残っていると主張した。委員

会は提出された証拠から虐待の存在を認めることはできないとした。しかし、申立人は1988年12月5日に予審判事に不服を申し立て、予審判事は1989年2月16日には公式に警察官に調査を命じているのに、1990年3月5日までまったく何の調査も行われていなかった。以上の事実から委員会は、この15カ月の遅れは不服申立について効果的な調査を保障する拷問等禁止条約12条に違反していると結論づけたのである。

これをさらに進めたのがEncarnacion Blanco Abad対スペイン事件(No.59)の1998年5月14日付の見解である。この見解は、合理的な根拠のある申立については当局は十分な調査を行う必要があり、この場合、迅速さがきわめて重要であるとしている。とりわけ、1992年2月17日に申立人に傷害があることの医療記録を裁判所は受け取っているのに、本人が法廷に引致されて陳述したのは3月13日で3週間以上が経過していること、また、この事件が正式に取り上げられたのは5月13日でそれまで2カ月がかかっている。委員会はこのような調査の遅れは条約13条に規定された迅速さを満足するものではないとしている。

これらの一連の見解は、国際機関の定める実効性のある調査における迅速性、公平性についての厳しい要求水準を具体的に示したものであり、今後の事例の集積が期待される。

4) 国内人権機関の必要条件と裁判所の役割

拘禁施設内部での人権侵害の訴えに対して、真に実効性のある調査が行われているといいうるためには、その調査機関が、①刑務所を管理する国家機関から独立していること、②申立人や証人と立会いなく面会して事情が聞けること、③刑務官に対して取調べを行う権限があること、④刑務所内のどの部屋にも立ち入ることができ、またすべての書類にアクセスできること、などが最低限必要である。

残念ながら、わが国にはこのような制度は現存していない。このような機関の設立がなされるまでの間においてはとりわけ、実効的な人権救済のためには文書提出の命令、求釈明、証人採用など裁判所の積極的な職権の行使が必要不可欠なのである。

わが国の矯正当局は、刑務所内部で看守の名前を極力秘密にしようとしている。したがって、訴訟において、権利侵害の主体である看守の氏名を特定すること自体がきわめて困難である。欧米諸国では看守はネームプレートを着用する例が増加している。このような違いは権利救済の根本に関わる当局の態度の違いを示している。

2. 刑事被拘禁者の処遇に関与する職業人に対する人権教育

前記最終見解では、裁判官、検察官、行政職員に対する人権教育が強調された。処遇の一線で働く刑務官が人権基準を学び、これを日々の実務に生かすことができ

るようになることが最大の人権保障へのセーフガードとなる。近時、わが国の刑事施設では、不祥事の防止のためと称して、刑務官と受刑者の雑談などの人間的な接触そのものを厳しく禁止しようとしている。しかし、人間的な接触を断たれたところで、刑務官による受刑者の社会復帰のための活動は不可能である。受刑者の人間性を尊重して、対等の人間としての関係を築くことが刑務官に対する人権教育の中心的な課題であり、不祥事の防止は接触の禁止ではなく、刑務官の職業倫理によって図らなくてはならない。

　また、拷問等禁止条約10条では拷問禁止に関する研修を定めているが、医療要員に対する研修を規定していることが注目される。

　また、このような事件に関与する裁判官のための人権教育も必須である。まもなく国連による裁判官と刑務官に対する人権教育のためのマニュアルが人権高等弁務官事務所から出版される。困難な課題ではあるが、弁護士会として国連機関とも協力して日本政府に裁判官と刑務官のための人権教育の実現やそのための講師の派遣などを具体的に働きかけたい。

3.刑事被拘禁者の人権保障に関する弁護士会の課題
１）人権擁護委員会の機能強化

　各地の弁護士会の人権擁護委員会では、刑事拘禁に関する多くの事件に関して救済勧告を行っている。しかし、調査の過程で被拘禁者である証人や関係職員への調査が十分行えないこと、人権調査委員会の勧告自体が守られることが少なく実効性に問題がある、等の問題点が指摘されている。証人に対する面会拒否の問題については、1998年広島弁護士会が会として原告となって訴訟を提起している。また、勧告の実効性についても記者会見を行う、対話を積み重ねるなどの改善の試みがなされている。

２）行刑機関との対話・改善のための働きかけ

　最近各地の弁護士会が刑務所、拘置所を訪問し、当局と被拘禁者の処遇改善等について協議する例が増加している。このような努力の積み重ねのうえに日弁連のレベルでも矯正局との対話の機会を持ち、施行規則・通達・所内規則等の見直し等処遇の改善を働きかける必要がある。1997年、矯正局は行き過ぎた規則の一部見直しを行ったとされる。しかし、その内容は通達の形式すらとっておらず、公式には公表されていない。規則の見直しの動きを励ましながら、よりオープンなかたちでこれを進めるよう弁護士会が働きかけることが必要である。2000年５月から、日弁連と矯正局間で監獄法一部改正も念頭に、受刑者処遇について勉強会を行うこととなった。

3）弁護士会の刑事拘禁処遇問題に関する弁護士派遣受付窓口の開設

　法律相談のなかで刑事拘禁処遇に関する相談が持ち込まれた場合に、相談に対応して刑事事件の場合の当番弁護士と同様に弁護士を派遣する制度の可能性についても検討を始めるべきである。

4）監獄法の部分的な改正

　規約人権委員会によって指摘された課題のなかから立法課題を摘出し、監獄法の部分的な改正を提起することも計画されている。監獄法の改正問題は、法務省が1982年に提案した拘禁二法案が国際人権基準を満たしていないばかりでなく、代用監獄を恒久化する、死刑確定者の外部交通を厳しく制限している、広範な独居拘禁を曖昧な要件で認めている、第三者機関が設置されない、などの根本的な欠陥を持つものであるため、1989年に法案が廃案となった後、10年間にわたって日弁連と法務省の膠着状況が続いてきた。この状況を打開して、監獄法の全面改正ではなく、規約人権委員会に指摘された問題点に限定して、最終見解に忠実に改正を行うことは可能であり、実務の改善の第一歩となりうると考える。前記の勉強会は受刑者処遇に限定されているが、全面改正の突破口とできるかもしれない。

4. NGOをパートナーとして認めること

　なによりも重要なことは、矯正行政の当局者が弁護士会や人権NGOの活動を敵視するのではなく、人道的で、社会復帰のためにも役立つ施設処遇という共通の目標のために活動するパートナーであることを自覚してほしいということである。日本の矯正処遇に欠けているものは、行刑政策の国際的な動向への関心、意思決定過程の透明性、情報の公開、批判的な意見を持つNGOとの建設的な協力関係などである。規約人権委員会も政府機関とNGOとの協力を求めている。法務省の姿勢にも最近微妙な変化がみられる。NGOをパートナーとして認め、その声に真摯に耳を傾ける姿勢が確立したときに、はじめて改善の第一歩が始まるのである。

4. 代用監獄の問題……………………………………………………………

1. 国際的な批判を集大成した規約人権委員会最終見解

　起訴前勾留制度は、国際的な批判が最も進んだ分野である。日本の警察拘禁制度に関して批判的なレポートをまとめた団体はアムネスティ・インターナショナル、ヒューマンライツ・ウォッチ、IBAなど多数に及んでいる（『世界に問われる日本の刑事司法』〔現代人文社、1997年〕参照）。

　自由権規約に基づく規約人権委員会の1998年11月の最終見解は、このような国際

人権法の視点からの批判の集大成である。まず22項では包括的な制度改革が強く勧告された。委員会が、規約9条、10条および14条との関連で指摘した問題点は次のとおりである。①この勾留は警察のコントロール下で最大23日間可能であり、被疑者は速やかでかつ効果的な司法的コントロールの下に置かれない、②この23日間の勾留期間中は保釈が認められていない、③取調べの時間および期間に関する規則が存在しない、④勾留中の被疑者に助言し援助する国選弁護人が存在しない、⑤刑事訴訟法39条3項の下では弁護人へのアクセスが厳しく制限され、取調べは弁護人立会いの下で行われない。そして、委員会は、規約に適合するように、「日本の起訴前勾留制度を直ちに改革するよう強く勧告」した。

2.代用監獄をめぐる応酬

　ここで指摘された問題点はすべて日弁連が永年にわたって取り組んできたテーマである。代用監獄についてはさらに、「委員会は、取調べをしない警察の部署の管理下にあるとはいえ、『代用監獄』が別の独立した機関の管理下にないことに懸念を有する（後略）」とされている（最終見解23項）。このような勧告は、拘禁と捜査を分離したので人権侵害のおそれはなくなったという警察当局の弁解を否定したものと理解できる。

　審査ではララー委員は「私はもう規約の解釈を議論するつもりはない。委員会の前回の勧告について日本政府は代用監獄の改善を求めたものであり、廃止を求めたものではないとの解釈を示された。しかし、日本政府代表には委員会の懸念事項の部分とあわせて、どのようなコンテキストで代用監獄が問題とされたのかを読み直されるようにおすすめする。警察署の内部で部門が分かれているという説明がなされた。しかし、捜査部門と身柄拘束の部門のトップは結局同じなのだ」と厳しく日本の警察当局の意見に反論した。問題は警察拘禁の期間が23日にも及ぶこと自体なのである。バーゲンタール委員は「私は9条、10条、14条について質問したい。政府報告書はこのような分野について日本が問題があるという事実自体を認識していない書きぶりである。日弁連は政府報告を厳しく批判している。日弁連は極端な団体ではないと思う。政府はこのような非難に正面から向き合わなくてはならない」、「警察の留置場では捜査と留置が分離されているので、規約に合致しているという説明があった。しかしそのような説明には納得ができない。警察が抱えている問題は深刻な問題だ。捜査、取調べを警察の中で続けることはデュー・プロセスの条件を満たしているといえない。自白率が高いということは苦しみを与えて自白を入手しているという懸念を生じさせる」と述べられている。

3. 取調べの可視化と全面的な証拠開示

　また、最終見解は25項で捜査機関の取調べについて「刑事裁判における多数の有罪判決が自白に基づいてなされている」ことに深い懸念を表明し、「自白が強制的に引き出される可能性を排除するため」、「取調べが厳格に監視され、また電気的な方法（訳注：録音テープなどを指す）により記録されることを強く勧告する」としている。最終見解26項は証拠開示制度について「弁護側が関連するあらゆる証拠資料にアクセスすることができるようにして、防御権が阻害されないよう確保すること」を勧告している。審査ではクレッチマー委員が次のように述べた。「弁護士が捜査の情報にアクセスが認められていない。検察官が法廷に提出しようとする情報に対してしかアクセスが認められない。検察官が法廷に提出する証拠は自らに有利な証拠だけである。弁護側に有利な証拠にはどうやってアクセスするのか。裁判官は開示命令を出すことができるという。しかし、このような申立はそのような証拠が存在するということがわかってはじめて可能となる。存在すらわからない証拠にはどうやってアクセスできるのか」。このように最終見解は、日本の刑事司法についてきわめて適切で総合的な刑事司法改革プランとなっている。

4. 警察拘禁における拷問等に対する救済のために条約はどう使えるか

　警察取調べが、拷問や非人道的な取扱いの最も起きやすい場所であることは世界共通である。拷問等禁止条約のほとんどの条項は警察拘禁を第一の念頭に置いているといっても誤りではないだろう。条約の主要な条項を拷問の事後的な救済に関する規定と予防に関する規定に分け、代用監獄制度とその運用に関してどのような意味を持つかを検討してみよう。

①拷問犯罪に対する管轄について普遍的な管轄を認めたこと（5条以下）

　このことは、取調べの過程で特別公務員暴行陵虐などの犯罪を犯した捜査官は、海外でも訴追を受ける可能性があるということである。

②拷問などが行われた合理的な疑いがあるときの権限ある当局の迅速かつ公平な調査を義務づけ、また、迅速かつ公平な検討を求める権利を認めていること（12条、13条）

　警察拘禁における人権侵害の特徴は、外界から隔絶された密室で発生するという点にある。このような人権侵害の実態を明らかにするためには、政府機関から独立し、施設内への立入りや他の被収容者や警察官に対する事情聴取、文書の閲覧などの権限を持った不服審査機関が必要である。規約人権委員会は最終見解において、一般的な国内人権機関の設立を求める9項以外に、警察と入管施設を対象とする不

服審査機関の早期の設立を求める10項を設けて、この課題を強調している。
③拷問の被害者の賠償を受ける権利、リハビリテーションを受ける権利を保障していること(14条)

　警察で拷問的な取調べの結果虚偽自白を余儀なくされたようなケースでは、刑事補償以外に国家賠償が得られることが必要である。わが国の国家賠償法でも、法律的には一応賠償を求める権利は保障されている。しかし、警察官による暴行は密室で行われ、起訴前の国選弁護制度が確立していないこと、警察留置場内の独立した医療体制が存在しないことなどから、暴行が行われても証拠を残すことが困難であり、裁判でこれを認めさせることはきわめて困難である。なお、日本の国家賠償法は、外国人の賠償請求について相互保証主義を採用し、国籍国において国家賠償制度が存在することを賠償請求の条件としている。しかし、拷問等禁止条約14条は、このような条件をつけること自体を禁止しているものと考えられる。相互保証主義をとる国家賠償法6条は、速やかに廃止されなければならない。

　拷問的な取扱いによって回復困難な後遺症が残った場合は、リハビリテーションを受ける権利があるとされている。拷問被害者のためのリハビリセンターは世界各地にあるが、その多くは民間のNGOである。日本には残念ながらこのようなセンターは存在しない。このような権利を実効的に保障するためには、このようなセンターがあるところでは当該センターに対する適切な公的援助を行うことで条約上の義務を果たすことができるであろう。

④拷問によるものと認められる供述を証拠からの排除すべきこと(15条)
　わが国の刑事訴訟法においても、拷問脅迫による自白、不当に長く抑留または拘禁された後の自白その他任意にされたものでない疑いのある自白や不利益供述は、証拠としてはならない(刑事訴訟法319条、322条)とされている。政府レポートは法律制度だけでなく、具体的な事例や決定例についても言及すべきものとされている("Human rights reporting under six major international human rights instruments" by Joseph Voyame and Peter Burns p385)。

5. 警察拘禁における拷問等の予防のために条約はどのように使えるか

　基本的に、警察拘禁における人権状況改善のための課題としては、前述の刑務所と同じことがいえるが、次に条約が拷問等の防止に果たすことを期待されている役割について具体的に検討してみたい。
①拷問などのおそれのある国に対する強制送還を明文で禁止していること(3条)
　日本が死刑制度を廃止していないこと、23日間にも及ぶ警察拘禁制度を維持して

いることは、国際的な人権基準からすれば拷問などのおそれの高い国といわなければならない。過去にスウェーデンから日本に対する被疑者の引渡しが、死刑のおそれを理由として拒否されたケースがある。今後わが国の人権状況が改善されない場合には、日本に対する強制送還が本条約に違反するなどとして問題とされる可能性もある。同条については、次章で詳述されるであろうから、これ以上の言及は避けることとする。

②拷問等防止のための拘禁施設職員の研修を義務づけていること（10条）

　この規定は、警察官に拷問の防止を目的とした人権教育を実施する根拠規定となるものである。また、この規定の特徴は医療要員を対象としていることである。警察留置場には通常常勤・非常勤を問わず勤務医が存在せず、外部医師を嘱託医として医療にあたらせている。このような嘱託医も対象として研修を実施しなければならない。

　国連作成のレポーティング・マニュアルによれば、拷問禁止委員会はこのようなトレーニングのプログラム、とりわけ、医療要員については拷問の認識、肉体的精神的な拷問についての後遺症の認識についてのプログラムについての情報を求めている。また、このようなプログラムについてのNGOの参加についての情報も求められている（前掲書p.381）。

　警察拘禁に関与する医師などの医療要員に対して警察拘禁中に拷問的な取扱いを受け、その傷害が残っているような被疑者を見つけたときは、そのことを正確に医療記録に残すこと、警察機関内の監督機関に対して、あるいは第三者的な人権救済機関が設立された後は、その機関に対してこの事実を速やかに通知すべきことなどを研修において徹底していくことが必要である。

③警察取調べなど拘禁中の尋問規則等を組織的に見直すことを義務づけていること（11条）

　この規定は、代用監獄における取調べ・尋問の透明性を確保するため、尋問を規制する規則を制定することの根拠となる規定である。この規定は刑務所や軍隊、その他の拘禁機関にも適用されるが、警察を最大のターゲットにしていることは疑いがない。前述した国連作成のレポーティング・マニュアルによれば、拷問禁止委員会は11条に言及されている被拘禁者の適切な処遇を監視するための法律、規則、指示についてレポートすることを求めている。また、この中には被拘禁者からの不服を取り扱うための権限ある機関や手続についても言及することが求められている（前掲書p382）。

（かいど・ゆういち）

入管・難民手続の現状と
「拷問等禁止条約」加入後の課題

弁護士・難民支援協会　関　聡介

1. はじめに

　日本への外国人流入数の増大に伴って、外国人の人権の問題がクローズアップされるようになってから久しい。その外国人人権問題のなかでも、日本人には縁のない分野であるがゆえに"日本人と同様の人権保障"という観点さえも欠落してしまった分野がある。それが、入国管理局が実務を管轄する手続——上陸・収容・退去強制等の手続および難民認定の手続である。

　これらの分野の手続を総合的に規定している国内法は出入国管理及び難民認定法(「入管法」)であるが、その規定内容にはいまだに問題点が多く、この入管法とそれに基づく実務に対しては、条約をはじめとする国際法を根拠に厳しくチェックしていくことが求められている。

　本章では、拷問等禁止条約(以下、本稿で単に「条約」というときは、断りなきかぎり拷問等禁止条約を指す)加入を踏まえ、日本の入管・難民手続の現状を分析するとともに、その現状が条約の下でいかなる評価を受けるのか、また条約を根拠にいかなる主張をなすことができるのかという点につき、概観してみることにする。

2. 入管手続と拷問等禁止条約

　入国管理局(入管)が行う上陸、在留、退去強制等にかかわる手続(以下「入管手続」と総称)においては、従来からその対象となる外国人に対して身体的にあるいは精神的に苦痛を与えるような手続が行われたとの訴えが相次いでいる。

1. 入管摘発・違反調査等の手続と拷問等禁止条約

　入管では入管法違反の容疑者の摘発を行い、また入管法違反容疑者に対して違反調査・違反審査等の手続を行う。これらの手続の過程で、従来からさまざまな問題点が指摘され続けている。

　まず、摘発や調査手続の過程で担当入国警備官等から殴る、小突く、蹴る等の暴行

を受けたとの訴えがあとを絶たない[1]。これは明らかに条約1条が禁止する「身体的」に「重い苦痛を与える行為」であり、「重い苦痛」とまでいえない程度のものであったとしても、条約16条の「残虐な、非人道的な又は品位を傷つける取扱い」に該当する場合が多いであろう。

　他方、有形力の行使がなくても、摘発や違反調査等の過程で、入国警備官等によって侮辱的な言辞が用いられたとの訴えも多い。また、本来は日本語に通じない者に対しては通訳人を付して行われるべき違反調査や違反審査等においても、日本語で行われることが多く、よく理解できない日本語でむりやり問答させられ、供述調書が作成される場合が多い。さらには、違反調査等の過程で弁護士や知人等の外部との連絡を絶たれて孤立させられることも多く、これらについては、条約1条が禁じる「精神的」に「重い苦痛」を故意に与える行為と評価される場合も多いと思われる。この点に関しては、入国警備官や入国審査官等の違反調査・違反審査等の際の「尋問に係る規則、指示、方法及び慣行……についての体系的な検討」（条約11条）がまさに求められているといえる。

2. 入管の収容手続の現状

　入管法違反の容疑者に対しては収容令書（「収令」）を、また退去強制の対象者に対しては退去強制令書（「退令」）を、それぞれ発付することができ、これらのいずれの令書によっても外国人を入管の収容施設（入国者収容所および地方入管収容場）等に収容することができる。

　刑事手続における身柄拘束（逮捕・勾留）については、身柄拘束の必要性（逃亡のおそれ、罪証隠滅のおそれ等）が要件として要求されているが、収令や退令による収容については、入管法上この要件についての明文が欠けている。このため、入管実務においては、必要性の要件が要求されていないものとみなして同要件を吟味することなく収容が行われており、身柄拘束そのものが濫用されている実態といわざるをえない[2]。しかも、身柄拘束の期間についてみても、収令による収容は30日間＋延長30日間、退令による収容は無期限である。そして、収容の対象についても、赤ん坊から老人や病人まで無差別に対象者とされている[3]。

---

1) 著名な事例として、1994年11月1日、東京入管第二庁舎での違反調査中に発生した男性入国警備官による中国人女性容疑者に対する殴打事件（タオ・ヤオピン事件）がある。同事件については後に国家賠償請求訴訟が提起され、国が損害賠償金100万円を支払うという異例の和解が成立している（東京地裁平成6年（ワ）21570号事件・1996年7月5日和解＝毎日新聞同月6日朝刊等報道）。同事件も含め、同種事案については、入管問題調査会編『密室の人権侵害——入国管理局収容施設の実態』（現代人文社、1996年）に詳しい。

このような収容実務の実態は、身柄拘束の濫用として国際人権規約(自由権規約)9条1項等に違反することはもちろん[4]、収容中の処遇について拷問等禁止条約違反の有無を検討する際にも前提事実として考慮されるべき事情であろう。また、無差別・長期・恣意的収容を改めることは、結局は収容中の拷問等を減少させることになるから、その意味では、収容手続自体の改善は、条約11条(+16条)による「体系的検討」の要請のもとにあるといえる。

3. 入管収容中の処遇と拷問等禁止条約

拷問等禁止条約との関係で直接問題となるのが、入管による収容中の処遇である。

入管収容中の処遇に関しては、暴行やレイプやセクシャルハラスメントを入国警備官等から受けたとの訴えも多数存在するほか[5]、そもそも入管収容施設(とくに地方入管内にある収容場)の収容環境が劣悪であり、収容の目的を超えた不必要な苦痛を被収容者に与えている現状がある[6]。

現に、入国警備官等の暴行によって大けがを負った事例[7]や、死亡したという事例[8]も発生している。これらの多くは被収容者の反抗的態度等に対する「制圧」として行われていることから[9]、処遇に関する規則の根本的改正と職員教育が必要とされる[10]。いずれにしても、これらはまさに条約1条が定義する「身体的」な「拷問」に該当

---

2) 現在の実務では、収容の必要性を吟味することなく全件収容主義(収容前置主義)が採られている(法務省入国管理局監修『出入国管理・外国人登録実務六法(平成9年版)』73頁解説にも、「退去強制手続をすすめるに当たり、容疑者を全て収容するかどうかについて明文はないが、……いわゆる収容前置主義(原則全件収容主義)を採っているものと解される」と明記されている。なお、同六法からは、平成10年版以降「法務省入国管理局監修」の文字が消えているが、解説内容は変わっていない)。しかし、立法時の沿革は異なっており(第13国会参議院外務・法務連合委員会会議録第2号昭和27年4月15日8頁参照)、誤った解釈の下での実務が定着している状態である。
3) 1997年5月から1998年1月まで、生後間もない中国人の赤ちゃんが、刑事事件で被告人となっていたバセドー氏病の母親および歩行困難な祖母とともに、静岡刑務所拘置施設に勾留され、さらに97年5月の執行猶予判決以降はそのまま名古屋入国管理局収容場および入国者収容所東日本入国管理センターに98年1月まで収容され続けていた事件がある(東京新聞1997年5月13日、8月10日、11月2日各朝刊報道等)。同事件においては、劣悪な処遇環境のほか、外部病院での治療をなかなか受けさせなかったことが問題となった。
4) 自由権規約に基づく日本政府の第4回定期報告書に対する規約人権委員会最終見解(1998年11月5日、CCPR/C/79/Add.102)19項においても、入管の長期収容に関する懸念が表明されている。
5) 入管問題調査会・前掲書に詳しい。また、前掲4)の規約人権委員会最終見解19項においても、入管被収容者に対する暴行、セクシャルハラスメント、過酷な収容状態、手錠使用、隔離収容についての懸念が明示的に表明されている。
6) たとえば、被収容者処遇規則(後掲10)参照)で実施が義務づけられている毎日の戸外運動(同規則28条)は、全国いずれの入管収容所・収容場でも実施されていない違法状態が長年続いている。とくに、各地方入管庁舎内に設置された収容場では、戸外運動設備自体がまったく設置されておらず、遵法の意思さえも認められない状態である。

する典型例である。

　また、本来は自傷・他害防止目的で行われるべき皮手錠等の戒具使用や隔離室(入管内部での通称では"スペシャルルーム")への隔離収容が、制裁目的で安易に目的外使用され、食事中も手錠を外さない等の非人道的取扱いもされていることが報告されている[11]。

　その他、シャワーの使用回数が少ない、戸外運動をさせない、寝具等が不潔であるなどの劣悪な処遇が改善されず、外部交通が厳しく制限されていることとあいまって改善は遅々として進まない状況にある。

　これらの点については、拷問等禁止条約の加入を機会に根本的な見直しと改善が求められているといえよう。

4.上陸防止施設の問題

　ところで、これまで述べた退去強制手続に伴う収容のほかに、近時問題となっているのが、上陸防止施設[12]での収容の問題である。この上陸防止施設では最近になっ

---

7) 1994年5月6日、東京入管第二庁舎内収容場で収容中のイラン人男性が第一腰椎圧迫骨折の重傷を負ったが、入管職員による「制圧」の際の暴行による負傷であるとして、同人は国家賠償請求訴訟を提起している(東京地裁平成6年(ワ)20132号事件。2000年4月現在係属中。毎日新聞1994年10月15日朝刊等報道)。また、1994年6月29日深夜、大阪入管収容場で収容中の韓国人男性が、やはり入管職員による「制圧」により右鼓室内出血、右耳介損傷等の傷害を負った事案につき、入管職員による違法な有形力の行使との認定に基づいて国に損害賠償が命じられている(大阪高裁平成10年(ネ)1895号事件の平成11年12月15日判決。公刊物未登載)。

8) 1997年8月、東京入管第二庁舎で収容中のイラン人男性が、複数の入管職員による「制圧」の過程で頚椎脱臼により死亡した。遺族は、入管職員による暴行が原因で死亡したとして国家賠償訴訟を提起している(東京新聞1998年10月2日朝刊報道等。東京地裁平成10年(ワ)第22481号事件として、2000年4月現在係属中)。

9) 1993年4月から7月まで入国警備官として東京入管第二庁舎に配属されていた元職員が、94年12月に実名で記者会見し、「いうことを聞かない収容者への(入管職員による)暴行は日常的であった」「警備官は『説得』または『しめる』となどと称して、警備官に反抗的な収容者を別室に連れ込み、そこで暴行を行っていた」などとして、具体的かつ詳細に入管職員による暴行の日常化を証言した。ただ、元職員は、他方で、入国警備官の人数不足と過密勤務が暴行の間接的原因になっていることも指摘した(毎日新聞1994年12月24日朝刊報道等)。

10) 被収容者の処遇については、入管法により法務省令に包括委任されており(入管法69条)、これを受けて被収容者処遇規則が規定されている。暴行事件頻発等の批判を受けて、同規則は1998年に「改正」されたが、一面では「制止」行為を明文化する等の措置も講じられている。

11) 虐待と評価されるべき入管収容施設での処遇事例については、入管問題調査会・前掲書のほか、Amnesty International "JAPAN III-Treatment of Foreigners in Detention" (1997年11月)27頁以下にも詳しい。

12) 日本に上陸しようとした外国人につき上陸不許可が確定して退去命令が出された場合(入管法10条9項等)は、当該外国人を日本に運送した運送業者がその送還の責任を負うが(入管法59条)、当日中に送還する便がないなどの場合には、送還できるまでの間、入管法施行規則52条の2で指定する施設(上陸防止施設)に当該外国人を留め置くことができる(入管法13条の2)。この上陸防止の専用施設は、成田空港・関西国際空港近傍に99年8月現在4ヵ所が指定されている(入管法施行規則別表第5)。

て異常な長期収容事例等[13]が発覚しているほか、施設における処遇規則が一切存在しないことが明らかになっており[14]、拷問等禁止条約の加入に伴って拷問等の発生防止のために根本的な法整備が急務となっている。

5. 拷問等禁止条約の目的要件との関係

これまで述べた事例では、いずれも客観面では「拷問」に該当する行為が多く含まれるが、他方で、「拷問」の定義のなかには目的要件（条約1条の「本人もしくは第三者から情報を得ること、……その他これらに類することを目的として」または「何らかの差別に基づく理由によって」）が規定されている。この点、入管施設における外国人に対する不当な処遇の場合には外国人差別が根底に認められる場合も多いと考えられ、そうであれば「何らかの差別に基づく理由によって」であると認定しうる場合が多いであろう。

6. 入管における拷問等に対する救済

入管における処遇に問題がある場合でも、これに対する救済は十分とはいえない。現状では収令あるいは退令（収容部分）の執行停止や人身保護請求が考えられるが、手続に時間を要することや立証が困難であることなどの原因により十分な救済機能が果たされていない。この点、条約では12条において「自国の権限ある当局」による「迅速かつ公平な調査」の確保を締約国に要求しているが、日本の現状に鑑みて独立かつ公平な第三者機関の設立[15]とそれによる迅速な救済申立手続の新設が不可欠と思われる。

また、入管で拷問等を受けた場合の事後的救済については、条約14条が被害者の「救済」と「公正かつ適正な賠償を受ける強制執行可能な権利」の確保を要求している。日本の現行法制下では、入管等で拷問を受けた被害者については、国家賠償請求を行うことにより金銭的に被害回復する方法がとられるが、外国人の場合にはここでもまた大きな壁が立ちはだかる。それは、国家賠償法上の相互主義である（国家賠

---

13) 上陸防止施設に、パキスタン人庇護希望者が9カ月収容された事例（朝日新聞1998年5月19日朝刊報道）、イラン人庇護希望者が7カ月間収容された事例（東京新聞98年6月23日夕刊）、8歳と13歳の2人の少女を一晩収容した事例（東京新聞98年9月13日夕刊）が、発覚している。
14) 竹中入管局長の1998年4月24日の衆議院法務委員会における答弁（第142回国会衆議院法務委員会会議録11号）
15) 前掲4）の規約人権委員会最終見解9、10項においても、独立した不服申立機関の設立が日本政府に要求されており、とくに10項では、入管職員による虐待に関する苦情申立先となる独立機関の設立の必要性が明言されている。拷問等禁止条約の履行とあわせて監視する独立第三者機関の設立が急務であることは明白といえる。

償法6条)[16]。現に、入管職員による暴行・傷害等を理由に国家賠償を請求している訴訟のなかで、被告国は相互主義規定による請求権不存在をたびたび主張している[17]。しかし、この相互主義規定が存在し、これを盾に国が入管職員の暴行による損害賠償を拒むようであれば、「公正かつ適正な賠償」を受ける権利が確保されているとはとうていいえず、条約違反と評価されると考えられる。また、別のレベルの問題として、国家賠償請求を提起して継続中の外国人原告や目撃証人たりうる被収容者を入管が即座に強制送還してしまうという事例も存在し、そうなると「公正かつ適正な賠償」を請求するための立証活動を妨害しているという意味での条約違反の評価も受けることになろう。

なお、条約14条は被害者に対して「リハビリテーションに必要な手段」の付与も要求しているので、入管職員の暴行により重傷を負った者あるいはその暴行などによってPTSDなど精神的な後遺症に苦しむ者に対しては、リハビリテーションを行う制度も確立されなければならない。

7. 法改正と職員教育の必要性

拷問等禁止条約加入により、入管手続との関係においては以下の対処が求められている。

まず、防止立法の検討と整備である。条約11条(および16条)により、拷問等の発生を防止するため、日本は締約国として尋問に係る規則等ならびに身体拘束および取扱いに係る措置についての「体系的な検討」の維持を義務づけられている。前記のとおり、入管の違反調査等の手続、収容手続、そして収容中の処遇に際して、拷問等の発生が現に相次いでいる以上、これを防止するために根本的な法改正が検討されなければならない。その際には、拷問等を行った職員[18]への罰則の新設も当然視野に入れられねばならないし[19]、処遇規定等の法務省令への包括委任自体も見直しが必要であろう。また、拷問等禁止の明文化も必要である(条約10条2項+16条)。そして、事後的救済の関係では、前記の国家賠償法の相互主義規定についても、最低限、拷問等禁止条約にかかる案件を適用除外する旨の法改正が必要であろう。

次に、条約10条1項(+16条)が要求する職員教育であるが、拷問等禁止条約の内

---

16) 被害者たる外国人の本国法が日本人に対して同様案件における補償をしない旨規定されている場合には、日本もその外国人に対して当該案件につき国家賠償しないというもの。
17) 前掲8)の事件に係る国家賠償請求訴訟においても、被告国はイラン人原告に対して相互主義規定に基づく請求権不存在を主張している。
18) 入国管理局が警備を委託している民間警備会社の職員も当然含まなければならない(現状でも、入国管理局は警備業務の一部を、入管OBによって設立された警備会社等に委託している)。

容の教育はもちろん、その他の国際人権法全般、これまで発生が報告されている事例の徹底分析と対処法の検討などが行われるべきであろう[20]。

3. 難民・庇護希望者と拷問等禁止条約

1. 難民をめぐる従来の問題点

　難民条約[21]が保護の対象とする難民(以下「難民条約上の難民」と表記)については、日本においては入管法の規定に基づいて入管法上の「難民」として認定し、保護を与えるという法制を採用している(入管法61条の2以下)。入管法の難民認定手続が条約履行のための具体的手続である以上、難民条約上の「難民」と、入管法上の「難民」とは、本来一致しなければならないはずである。

　ところが、実際には、入管法では61条の2第2項において、難民認定申請の申請期間制限規定(いわゆる「60日ルール」)が日本独自の規定として設けられており、これが硬直的に運用されてきた。そのため、難民条約上の要件に合致するような迫害の危険性を有する者(難民条約上の難民)であっても、60日間の申請期間を徒過したという形式的な理由で入管法上の難民と認定されず、その結果、日本において難民条約が定める保護を受けられないという事態に至ってしまうのである(現実にこのような事例が従来から頻発していた)[22]。また、そもそも難民認定数が極端に少ないこと[23]、審査期間に長期間を有する反面、その期間の在留資格や生活手段の保障が不十分であ

---

[19] とくに精神的拷問等については、現行刑法では対応できるとは考えられず、立法措置が必要と判断される。この点につき、1999年4月22日の衆議院における陣内法務大臣の答弁では、刑法195条の改正の必要性を指摘された質問に対し、「精神的拷問とは、生命、身体、自由等に関して害を加えることを告知したり、暴行等によって精神的に重い苦痛を故意に与える行為を言うものと解されております。このような行為は、脅迫罪、暴行罪、特別公務員暴行陵虐罪等の刑法の罪で担保できますので、法改正の必要はないものと考えております」とするが(第145回国会衆議院会議録第25号)、精神的拷問を不当に狭く解釈しており、前記の入管手続におけるさまざまな拷問等の実例に対処しきれないことは明らかといえる。

[20] 前掲13)における法務大臣答弁によれば、「……入国警備官に対しては、……本条約の締結後は、研修等の機会を通じて、本条約の内容に関する情報提供に努め、その周知を図ってまいりたいと考えております」。

[21] 難民の地位に関する1951年条約および同1967年議定書。

[22] この点を不合理であるとして、60日ルール自体の条約適合性を争った事件として、東京高判1996・9・26行裁例集47巻9号930頁参照。なお、その後相次いで提起された複数の難民不認定処分取消訴訟のなかで、法務大臣は、60日ルールの存在が原因で難民条約上の難民であっても入管法上の難民と認定されない可能性があることは認めたうえで、迫害の危険性がある者は通常60日以内に申請するから難民条約上の難民が入管法上の難民と認定されない可能性は現実にはほとんど存在しない(ので、結果的に難民条約には違反しない)という苦しい説明をしている。

[23] 日本の難民認定数は、異議申出手続で認定された者を含んでも、1994年〜97年まで各年1〜2人ずつと極端に少なかったが、98年および99年には各16人が認定された(異議申出段階での認定分を含む)。しかし、まだ他の欧米の締約国に比べて認定の絶対数は極端に少ないことに変わりはない。

るうえ、難民申請中であっても在留資格がないと収容されてしまう危険さえあること[24]、難民認定後の処遇が整備されていないこと[25]など、難民認定手続をめぐってはさまざまな問題点が指摘されてきた[26]。

2. 拷問等禁止条約とノン・ルフールマン

このように、日本においては難民認定制度の不備により難民保護が十分に機能しないなか、難民条約で最も重要な制度であるノン・ルフールマン(不送還)の原則(難民条約33条)もまた危機に瀕してきたといえる。

もちろん、難民認定を受けられなかったからといって、即座に送還されるとは限らないが[27]、認定されていない以上は逆に難民条約33条の適用対象として取り扱われないのが原則であって、その地位はきわめて不安定かつ曖昧であった。

この点、拷問等禁止条約3条の定めるノン・ルフールマン原則は、難民その他の庇護希望者との関係で注目に値する。もちろん、「その者に対する拷問が行われるおそれがあると信ずるに足りる実質的な根拠がある他の国」(拷問等禁止条約3条1項)と「人種、宗教、……のためにその生命又は自由が脅威にさらされるおそれのある領域」(難民条約33条1項)は必ずしも一致するわけではないものの、かなり多くの場合重なり合いが認められると思われる。そして、拷問等禁止条約の場合には、前記の60日ルールといった日本独自の要件も存在せず、しかも難民条約33条2項記載の適用除外要件[28]の規定も存在しないことから、難民条約上の難民あるいは入管法上の難民に該当しない者であっても、拷問等禁止条約3条1項を根拠に送還を阻止することがありうるのである。この点で、拷問等禁止条約は、難民その他の庇護希望者の送還を阻止するうえで実務上有力な武器となっていくことが期待される。

---

[24] 難民認定申請者の収容が原則避けられねばならないということについては、国連難民高等弁務官事務所の見解でもある(UNHCR Ex-com.Conclusion 44, 1986等)。日本の難民申請者収容の現状につき、渡辺彰悟「日本の難民認定制度の現状」および大橋毅「クルド人難民」(いずれも「法と民主主義」98年11月号35頁)参照。
[25] 難民認定後の処遇については、語学・社会教育の措置が講じられた事例が出現するなど、一定の改善がみられる(拙著「難民認定後の処遇を巡る問題」前掲「法と民主主義」)。
[26] 日本の難民認定制度の現状を総合的に紹介した論文として、渡辺彰悟「難民の最後の砦?日本」(「自由と正義」99年8月号116頁)。60日ルールをはじめ、日本の難民認定制度全般の問題点を指摘した論文として、阿部浩己『人権の国際化——国際人権法の挑戦』(現代人文社、1998年)206頁以下。
[27] 難民としては不認定処分を受けながら、在留資格としては定住者等を付与される事案も近年比較的多くみられる。
[28] 締約国にいる者であって、「当該締約国の安全にとって危険であると認めるに足りる相当の理由があるもの」または「特に重大な犯罪について有罪の判決が確定し当該締約国の社会にとって危険な存在となったもの」は、ノン・ルフールマンの利益享受を要求できないとされる(難民条約33条2項)。

3. 必要となる法改正その他の対応

このように、拷問等禁止条約に基づくノン・ルフールマンの義務が日本政府に課されるようになった結果として、対応する法改正も必要となる。具体的には、密入国やオーバーステイ等の不処罰例外を定めた入管法70条の2に、「難民であること」のほかに拷問等禁止条約3条の保護対象者も含めるべきであるし、退去強制の送還先からの除外を定めた入管法53条3項にも、拷問等禁止条約3条1項に規定する国を付加し、なおかつ前記の適用除外要件不存在に鑑みて、これについては同条3項の「法務大臣が日本国の利益又は公安を著しく害すると認める場合を除き」という留保も解除されなければならない。

また、実務上は、難民認定類似の制度を拷問等禁止条約3条による保護対象者にも設ける必要があるかもしれないが、その際に60日ルールの愚を繰り返すようなことがあるならば、在留資格や退去強制(在留特別許可を含む)の制度の運用のなかで条約を履行することのほうが望ましいといえる。

さらに、職員教育のうえでも、難民認定申請者について拷問等禁止条約3条適用対象者か否かを同時に注意して検討対象とすべく、難民調査官や入国警備官・審査官等に対して教育がなされなければならないだろう。

4. おわりに

以上みてきたとおり、拷問等禁止条約への加入は、従来の入管手続や難民認定手続に大きな影響を与えることは間違いない。入管職員はもちろん、弁護士を含む申請者側も新たな土俵での検討を迫られることになる。

現状では個人通報制度の受託がなされていないものの、たとえば、拷問と評価すべき事例が発生した場合には、その案件に関する情報を具体的に収集して拷問禁止委員会(条約17条1項)に通報していくことにより、「締約国の領域内における拷問の制度的な実行の存在が十分な根拠をもって示されていると認める信頼すべき情報を受領した」(条約20条1項)状況を現出させ、委員会を動かす方法、あるいは締約国である日本の委員会に対する報告(条約19条1項)が委員会によって検討(同条3項)される際に、いわゆるカウンターレポート等を提出することにより、委員会の意見に影響を与える方法など、さまざまな手法を試行錯誤しながら制度や実務の改善を迫っていくことが望まれる。

(せき・そうすけ)

「拷問等禁止条約」を生かし、超える

神奈川大学教授　阿部浩己

1.「不処罰（免責）の連鎖」と「デモクラシーの赤字」

　世界人権宣言が40周年を迎えた1988年の秋、アムネスティ・インターナショナル日本支部の招請に応じて、オランダからハーマン・バーガーズ氏が来日した。横浜など各地で催された「40周年記念行事」のゲスト・スピーカーとしてであった。その折に通訳として同行したことが機縁になって、バーガーズ氏とは、その後も家族ぐるみで懇意にさせていただくことになったが、それだけに、つい忘れがちになっていた氏の偉大な功績をあらためて思い起こさせてくれたのは、皮肉にも、アウグスト・ピノチェト元チリ大統領であった。

　1998年秋、「旧友」マーガレット・サッチャーの招きも受けてイギリスを訪れていたピノチェトにとって、自らが注意深く封印したはずの過去を執拗なまでに追及する、スペインのガルソン判事からの身柄引渡請求は、文字どおり青天の霹靂(へきれき)であったにちがいあるまい。だが、いったん引渡請求を認める判断を下したイギリス貴族院が、ほどなく、ピノチェト側からの抗議を受けて、前代未聞の「審理やり直し」に応じたことは、それ以上の驚きを呼んだ。元国家元首の逮捕・引渡しというきわめて困難な法的・政治的問題を前に、貴族院では、第一級の国際法学者の見解や他国の裁判例について議論が重ねられた。そうした慎重な審理の積み重ねが最終判断の「質」にも相応に反映されたようにみえるが、私にとって個人的に興味深かったのは、インターネットを使って急ぎ引き出した貴族院の判決文の中に、繰り返し、バーガーズ氏の名が出てきたことである。

　再審の場となったイギリス貴族院において、元国家元首訴追への固い扉をこじあける原動力になったのは、拷問等禁止条約の存在であった。バーガーズ氏の見解は、この条約の趣旨を見定めるうえで何度となく引き合いに出されている。それもそのはずだ。国連人権委員会の作業部会議長・報告者として、同条約の起草に最も深く関わった人物こそバーガーズ氏だったのであり、だからこそ、イギリス貴族院も、彼の見解には最大限の敬意をもって関心を寄せざるをえなかったのである。

その彼が、日本において私たちに語り、そしてその著作(J. H. Burgers & H. Danelius, The UN Convention Against Torture (1988))において明確に述べているように、拷問等禁止条約の本旨は、「拷問」という新たな犯罪類型を国際法の世界に刻むことにあったわけではない。この条約の最大の意義は、むしろ、そうした蛮行に手を染めた者の訴追を各国に義務づける新たな刑事網の構築にこそあった。ピノチェト引渡しへの門戸をともかくも開いた貴族院の多数意見には、そうした基本認識が浸潤していたように思う。

　1972年から73年にかけて展開されたアムネスティ・インターナショナルの大がかりな拷問廃止キャンペーンは、蔓延する拷問の醜悪な実態を世界に鮮烈に突きつけてみせた。ジュネーブに本拠をおく国際法律家委員会(ICJ)とともに新たな国際基準の設定を求めるアムネスティの行動は、1975年に国連・拷問等廃止宣言の採択として結実し、さらにこの宣言が拷問等禁止条約の誕生につながっていく。1985年には米州版・拷問禁止条約が成立し、隣接の文書として、1992年には強制的失踪からの保護に関する国連宣言が、その2年後には強制的失踪に関する米州条約も採択された。

　これらの国際文書は、拷問とその類似行為の撲滅をめざして作られたものだが、それらを貫く戦略的思想を一言で言い表せば、「不処罰(免責)の連鎖を断つ」ということになろう。拷問という犯罪が連綿と再生産されるのは、加害者がその責任をきちんと追及されないからであり、したがって、拷問の撲滅には、国際法の圧力により訴追・処罰の刑事網を世界に張りめぐらすのが最も効果的だ、という考え方である。拷問禁止委員会や米州人権委員会も、犯罪の鎮圧を企図する国際文書の履行監視機関として、当事国に真実の究明と責任者の訴追を求めてきた。同じように、旧ユーゴスラビアとルワンダについて設置された国際刑事裁判所も、1998年7月に裁判所規程が採択された常設の国際刑事裁判所も、ともに、「不処罰の連鎖を断つ」ことにより正義の実現をめざしている。

　問題は、各国の政府が、いや、もっと正確にいえば、各国の支配エリートが、自らが約束した国際義務の履行にあまりにも後ろ向きなことである。拷問等禁止条約が国連の主要人権条約のなかで最小の締約国数に甘んじてきたことは周知のとおりだが、肝心の締約国についてみても、条約の禁止する拷問を、必要な刑罰をもって適切に国内法化したところは、ほんの一握りにすぎない。そもそも、拷問の実行者が実際に処罰された例がどれだけあるのだろう。現実は、拷問実行者が「恩赦」という名の特別措置によって一律に救済され、それを国際社会が漫然と黙認することの繰り返しではなかったか。拷問等禁止条約の誇る「普遍的管轄権」にしても、その行使がいかにたいへんかは、ピノチェト事件を通じて私たちが再認識させられた重要な教訓のひとつで

あったろう。

　これまで、各国の政策決定者によって「条約」という位置づけを与えられた国際的合意は、それ以外の国際的合意よりも政治的重要性が高いものとされてきた。議会（国会）の関与は、そうした政治的重みを担保するものであり、議会の関与が深まれば深まるほど、当該合意についての認識が深化し、それがいっそう遵守の契機を強めることにつながっていた。だが、「顔のない」国際社会の組織化が加速度的に進行する今日、その主要な担い手である行政官僚は、国際的合意について時間とコストのかかる議会の関与を明らかに回避し始めている。行政官僚は、条約という形式によらない「非拘束的合意」に訴えることによって議会の排除を正当化し、しかしその一方で、その非拘束的合意をテコに自己の利益にかなう国内法あるいは政策の実現を図りつつある。市民にとっては、自分たちの代表（議員）を通じてさえ、国際的合意への参画が難しくなっている。条約という形式の国際的合意を受け入れる場合であっても、行政官僚の意思を迅速に実現するには議会の関与を薄めることが好都合なわけだが、それは、人権条約についてみると、ほぼ例外なく、遵守に向けた政治的意思を希薄化する危険性を伴っている。

　1970年代末から80年代半ばにかけていくつかの重要な人権条約を締結した際、日本の行政府は、国際義務履行のために必要な国内法の改正や政策の変更に着手した。ところが、90年代に入ると、人権諸条約の締結には国内法の改正がまったく伴わなくなった。「80年代に必要な法整備は終えている」という抗弁は、あまりにも現実にそぐわない。一片の法改正も必要ないとなれば、国会での審議を形だけで済ませることがいっそう容易になるのだから、そのほうが行政官僚にとっては、はるかに魅力的であろう。こうして、ある日忽然と人権条約締結の案件が浮上し、用意なき国会での驚くほど儀礼的な審議を経て、加入（批准）書がベルトコンベヤーに乗せられたように寄託されていく。人権条約が迅速に締結されることそれ自体は歓迎すべきことかもしれないが、これでは、条約遵守の政治的契機は育まれにくい。それによって利益を得るのは、条約の本来的受益者である市民ではない。

　「拷問等禁止条約上の義務は刑法その他の既存の国内法により担保されているのだから、新たな法整備は必要ない」という国会審議で表明された日本政府の見解は、コストの最小化という意味で行政府の便宜にはかなっているが、明らかに、国際義務を誠実に履行しようとする意思の表れではない。その極端なまでの防御的姿勢からは、「不処罰の連鎖を断つ」国際的枠組みの強化に向けた決意はうかがえず、国会審議の空洞化によって、条約遵守のための政治的意思も十分に培養されないままにおかれてしまった。むろん、条約に対するこうした後ろ向きの姿勢はひとり日本に限って

みられるわけではなく、欧米諸国にしても、多くは同じような状況下にある。

　幸いに、履行監視を担う拷問禁止委員会は、他の人権条約機関と同じように、リベラルな法操作をつねとしている。個人通報の扉が閉ざされても、条約19条に基づく報告審査の機会を活用し、委員会との絆を強めることで、今後、条約遵守の期待値を高めていく途は残されている。とはいえ、自由権規約委員会や子どもの権利委員会においてまざまざとみせつけられているように、人権条約機関のそうしたリベラルな所見に、各国とくに日本の行政府が真摯に耳を傾けるという保証は、現状ではなきに等しい。そうである以上、市民にとっては、拷問等禁止条約の理念を国内の政策決定過程に効果的に組み入れるための回路を創造的に構築し直す営みがいっそう緊要になる。行政府へのアクセス（ロビー活動）と並び、いや、それ以上に、立法府や自治体を巻き込んだ条約の実施に向けて、斬新な知力を投下する必要がある。

　守られるべき条約上の義務がきちんと履行されないのは、それが既得権益を享受する支配エリートの利益にかなっているからである。政治的・経済的コストが高くつかないような仕組みになっている。だからこそ、政策決定過程を市民の利益を投影するものに創り直さなければ、この条約に託した戦略的思想を具現化することは難しい。これは、すべての締約国に妥当することであるが、条約の締結・実施過程において「デモクラシーの赤字」を急速に肥大化させている日本の市民・研究者にとって、とりわけ大きな課題である。

2.「拷問」の時代風景

　拷問等禁止条約1条は、一定の目的・理由の下、公務員等が直接または間接に関与して、激しい身体的または精神的苦痛を故意に加える行為を、鎮圧すべき「拷問」に指定している。すべての法概念がそうであるように、この拷問の定義もまた不明確な要素を多分にはらんでおり、そこに、法解釈という名の価値操作の素地ができあがる。条約16条の定めるその他の虐待行為については、なおいっそう、そうである。もっともその一方で、この拷問の定義は、条約が作成された1980年代半ばにおける社会的価値を映し出したものであり、当然のごとく、当時の時代状況からくる一定の限界を抱え込んでもいる。

　端的に言って、条約作成者たちがイメージしていた拷問の被害者とは、「政治的理由により国家に拘禁された大人の男性」であり、それ以外の人間集団の被る虐待行為は、せいぜいのところ、副次的なものであり、さらにいえば、想像の外に置かれていたと言って過言でない。その典型例が、「女性に対する暴力」であった。

　もちろん、拷問等禁止条約は、「男性に対する暴力」に焦点をあてて定式化された

わけではない。現に、拷問の定義はジェンダー中立的に書かれている。しかし、男性と女性の活動領域が「公私」によって截然と二分される社会状況にあって、公的領域に照準を定めた拷問の定義が、「男性に対する暴力」を排他的に射程におさめていくのは当然のことであった。このことは、2つの意味で女性に不利に作用した。第1に、女性が最大の被害者となる私的領域（コミュニティ、家庭）における暴力が拷問の範疇から外されてしまった。第2に、公的領域に参画している女性への暴力が「男性に対する暴力」の認識枠組みのなかに回収されてしまった。

　第1の点に関して、公的領域における暴力行為のみを拷問に限定すべき理由として、公私間の暴力の性質の違いを挙げる向きも少なくあるまい。しかし、近年のフェミニズム研究が明らかにしているように、私的領域と公的領域における暴力の間には、決定的な差異はない。公的領域において拷問に分類される行為とほとんど変わらぬ暴力行為が、同様の権力構造を温床に、私的領域でも日常的に生起している。そのことは、いわゆる先進国、発展途上国を問わず、多くの女性が語り始めた「私の物語」からも容易に読み取ることができる。ジェンダーの物差しを用いると、テクニックにおいても目的においても、公私両域における暴力が驚くほど近似していることがわかる。

　公的領域における暴力のみを拷問に類型化しようとするもうひとつの大きな理由として、国家による保護の有無に着目する向きもあろう。個人にとって、国家による公的暴力は国際法によってきちんと鎮圧してもらわなければ困るが、私的暴力であれば自国の政府機関に助けを求めれば足りる、だから条約がわざわざ介入する必要はない、というものである。これもまた、現実には適合しない。私的領域における女性への暴力は、しばしば、国家によって意図的に放置されている。国連人権委員会の「女性に対する暴力に関する特別報告者」が1996年の報告書において説示したように、政府機関は、被害者を救済するのではなく、むしろ、刑事手続を操作することによって、一貫して加害者との共謀関係に立ってきたのが実情なのである。

　見逃してならないのは、拷問を国家による公的暴力にほぼ限定して定義していた拷問等禁止宣言と異なり、拷問等禁止条約は、公務員等の「同意若しくは黙認」の下に加えられる行為にも条約の適用があるとすることで、拷問の射程を潜在的に拡大していることである。私的領域における女性への醜悪な暴力について、国家が事前に防止措置をとらず、事後にも救済措置をとらないとなれば、そこには国家の「黙認」があり、したがって拷問の存在を認定することは決して不合理ではない。問題は、そうした解釈の一般化を促進する社会的価値の形成と動員をどれだけできるか、ということになる。ちなみに、女性に対する暴力に関する特別報告者は、私的領域における女性への暴力のなかに拷問等禁止条約上の拷問にあたるものがあると明言している。

第2の点についてだが、公的領域における女性への暴力が「男性に対する暴力」の枠組みに回収される最も深刻な例は、被拘禁者に対するレイプであろう。奇妙なことに、女性被拘禁者の場合、足を砕かれ、電気ショックを受け、激しく殴打され焼かれる場合には拷問の被害者とされうるのに、刑務官によってレイプされる場合には、単なる私化された暴力の被害者にすぎないとされてきた。強烈な電気ショックを与える行為は公的暴力（拷問）だが、同じ公務員によるレイプは、性的常軌を逸した者による私的暴力にすぎない、とされてきたのである。
　頻繁にみられる精神的拷問のひとつとして、とうてい選択できない2つの選択肢を被害者に与え、どちらかを選ばせるというテクニックがあるが、被害者が男性の場合、その妻や娘あるいは母親のレイプを目の当たりに目撃することを選択肢の1つとして強要される場合がある。重要なことは、レイプされた女性が拷問の被害者とされるのではなく、それを目撃せざるをえなかった男性が精神的拷問の被害者と位置づけられてきたことである。レイプが拷問そのものではなく、拷問の「道具」とされてきた点を看過してはならない。
　拷問その他の虐待行為であれば決して問われぬ「同意の有無」が、レイプの場合には過度なまでに問われてきた。拷問の被害者（サバイバー）に括られれば免れうる社会的スティグマを、レイプの被害者はいやおうなく着せられてきた。こうした非対称なジェンダー構造をそのまま投射する拷問の政治力学が維持されてきたのは、それを支える社会的価値が強力に動員されていたからである。その「善意の」主導者であったアムネスティ・インターナショナルが「警察官や兵士による拘禁中の女性のレイプは、もはや私的暴力ではなく、国家が責任を有する拷問または虐待行為である」という法解釈を示したのは、ようやく1991年末になってからであった。国連人権委員会の拷問特別報告者が、拘禁中の女性のレイプを拷問として明瞭に非難したのも、1992年のことである。ほどなく、女性に対する暴力に関する特別報告者も同様の見解を示した。こうした認識の醸成を促したのは、旧ユーゴスラビアにおける大規模な女性のレイプであり、ルワンダにおける多くの女性への蛮行であった。その折に設置された国際刑事法廷や常設の国際刑事裁判所規程などを通じて、戦時における女性のレイプも、「戦争にありがちな男性兵士の私的暴力」としてではなく、国家機関による拷問の一形態として取り扱われるようにもなっている。
　女性に対する暴力の視点を拷問等禁止条約の解釈に持ち込むことは、決して、伝統的な拷問の風景の消滅を宣言するものでも、ましてや、そうした風景を描写し続けることの重要性を損なうものでもない。女性が女性ゆえに被る暴力が、伝統的な拷問の風景と親和性をもたないわけでは毛頭ない。ただ、そうした女性の経験が拷問の法

的風景のなかにまったく描かれてこなかったことが問題なのである。国際社会において台頭する新たな潮流は、これまでのような「限定的な」拷問イメージの描きかえを強く求めている。拷問等禁止条約も、そうした価値的転換の潮流に無関心なままではいられまい。

3.「被害者（サバイバー）」をみつめる

　1997年12月12日、国連総会は、決議52／19において、6月26日を「国連・拷問被害者支援の日」に指定した。拷問の廃絶に向けて、ちょうど10年前のその日に発効した拷問等禁止条約の効果的な実施を求めてのことであった。これ以降、毎年その日には、世界各国（といっても、その数は多くはないだろうが……）において記念行事がもたれるようになっている。

　カナダもそのひとつである。この国にやってくる多くの難民・移民のなかには出身国で拷問を受けた者も少なくないが、そのなかにあって、拷問への社会的関心をとくに喚起したのは、ピノチェト軍政下のチリを逃れてきた難民であった。アムネスティ・インターナショナルに共鳴するトロントの医師たちが中心になって、1977年に拷問被害者への支援活動が始められた。1983年に法人格を取得した医師たちの組織は、1988年に、その活動内容にいっそうふさわしい「カナダ拷問被害者センター（CCVT）」と名称を変えて、今日に至っている。カナダでは、このCCVTのイニシアチブにより、1998年から「国連・拷問被害者支援の日」が記念されるようになった。「不処罰の連鎖を絶つ」戦略的思想の前にかすみがちではあるが、拷問等禁止条約は、14条において、被害者救済のために必要な制度を整えるよう締約国に求めている。これまでに99カ国から来た約8000人のサバイバーの支援にあたっているCCVTのような組織の存在により、同条項の要請に応える環境の一端が整えられていることを見落としてはならない。

　拷問被害者支援組織の先駆けは、コペンハーゲンの「拷問被害者リハビリテーション・研究センター（RCT）」である。1982年に誕生したRCTは、その5年後に設立された「国際拷問被害者リハビリテーション協議会（IRCT）」と一体になって、国内はもとより世界各地の拷問被害者リハビリテーション・プログラムを指導しており、この分野のまさしく牽引車になっている。たとえば1996年1年間だけでも、5000人以上の医療・保健関係者がRCT／IRCTの研修を受けたとされる。RCT／IRCTの設立を促したのは、1967年に始まったギリシア軍政下での拷問と、ここでも、ピノチェト政権下での拷問であった。難民あるいは庇護希望者として到着したその被害者に直面したアムネスティに関わる医師たちが、医療・保健サービスを直接に提供するために作り上

げた組織がRCT／IRCTなのである。

　拷問の被害者は、アメリカにも多数入国している。この国において拷問被害者支援のための包括的なプログラムを編成し、提供しているのは、ミネアポリスで1985年に設立された「拷問被害者センター」である。同センターは立法府、行政府への働きかけを精力的に行っており、「リハビリテーション・プログラムへの財政的支出」と「移民・難民審査官の研修」という２本柱を持つ「包括的拷問被害者救援法(1998年)」の上程に際しても、大きな力を発揮した。アメリカでは、1998年10月に、拷問を受ける危険性のある国への追放・送還を禁止する拷問等禁止条約３条の実施法案が議会で可決されたが、その背後には、同センターの尽力などにより被害者救済に向けて政治的関心が相応に高められていた事情がある。

　こうした諸組織による20年以上にわたる被害者支援活動を通じ、現在では、拷問について多くのことが解明されている。誰が、どこで、誰に対して、どんなことをするのか、なぜ、被害者が裸にされ、脳と性器に衝撃を加えられることが多いのか、「文明の利器」がどう使われているのか、そしてなにより、被害者がどのような状態に陥り、その克服のために何が必要なのかが、大量の臨床例に基づいて詳細に分析されるに至っている。大部分は、公的暴力の被害者を扱ったものだが、必要な修正をほどこせば、その分析は私的暴力の文脈にもそのままあてはまる。

　拷問を、「民主化の遅れた国家」においてみられる「逸脱行為」と認識することが誤りであることは、はっきりしている。拷問あるいはそれに類する虐待は、「最も進んだ民主的国家」においても常態的に行われており、医学的な裏づけの下、(多国籍)企業が開発した最新の器材を用いて、「普通の」公務員が業務の一環として行うものでもある。

　拷問の目的は、生命を奪うことではない。かつて南アフリカでアパルトヘイトと闘ったスティーブ・ビコがそうだったように、多くの人間が拷問によって命を失っているが、それは、拷問としては「失敗」例にあたる。拷問の目的は、精神(意思、魂)を破壊することにある。「［被害者］を精神的に破壊し、意思を失わせること。拷問は、個人的な怒りにかられて行うものではなく、個人の満足のために行うものでもない。われわれが［被害者］を殴打するのは、恐れさせるためである。絶対に殺してはならない。拷問を実行するときには、まず［被害者］の身体の状態を確かめ、次いで、ムチの具合を確かめることが必要である」。カンボジアを「キリング・フィールド」に陥れたクメール・ルージュの尋問マニュアルには、そう記されている。かつて、イギリスがアイルランド共和国軍(IRA)のメンバーに対して加えていた「５つの拷問(虐待)テクニック」も、当人の意思を破壊することに眼目が置かれていた。1985年の米州拷問禁止条約

2条にも次のような規定がある。「拷問は、被害者の人格を消去するかまたはその身体的もしくは精神的能力を減損することを目的として人に加えられる手段の行使と理解される」。

　拷問実行者が、被害者の精神(意思、魂)を破壊することによって達成しようとしているのは、被害者とその被害者が所属するコミュニティの「コントロール」である。だからこそ、被害者の多くは、拷問後に社会に戻される。他のメンバーに、コントロールに必要な恐怖心を植えつけるためである。こうして、拷問は、権力を持つ者の「支配のためのメカニズム」のひとつとして巧妙に機能してきた。

　被害者救援組織は、拷問の被害者たちとの接触を重ねるなかから、多くの事例に共通する心理的・肉体的な特徴を学びとっている。そこから、被害者との面接、通訳の利用、身体的治療、物理療法、精神療法、ケア、カウンセリングなどの体系的な対応が組み立てられるようになった。このように拷問の実態や被害の「後効果」に関する認識を深めることは、拷問等禁止条約14条の観点からだけでなく、法執行職員、医療職員などの訓練について規定する条約10条、尋問方法の恒常的な見直しを求める11条、拷問実行国への追放・送還を禁ずる3条などを効果的に実施するうえでもきわめて重要である。なかでも、拷問を逃れて来た庇護希望者と直接に接する係官にとっては、拷問の被害者がどのような状態にあり、どのような対応を示すのか、といったことを知らなくては、正しい判断の下しようがあるまい。いまだに多くの国で繰り返されているとはいえ、拷問被害者の証言の信憑性を「一貫性がない」という理由をもって斥けることなどは、これまでに蓄積された医学的分析とはまったく相容れない。こうした過ちを避けるためにも、被害者支援の豊富な経験が、担当職員の研修・訓練の過程に適切に組み入れられる必要がある。

　Ethical Codes and Declarations Relevant to the Health Professionals と題するアムネスティ・インターナショナルの出版物の中に、「東京宣言」が再録されている。医療関係者による拷問への関与を戒めるこの宣言は、1975年に東京で開かれた世界医師会(World Medical Association)の会合で採択されたものである。この宣言は、1982年に国連総会で採択された医療倫理原則の母胎の1つでもあるが、カナダやデンマークなどにおいてそうであるように、日本においても、拷問等禁止条約の実施には、本来、医療・保健活動に携わる専門家との協働作業が欠かせないはずである。「連帯」の輪を、ゆるやかにでも広げていくことを考えなくてはならない。

4. 拷問防止のストラテジー

　拷問の撲滅に向けて「不処罰の連鎖を断つ」必要性が語られ始めたとき、実は、も

う1つの戦略的思想が浮上していた。処罰が「鎮圧」の発想に基づいているとすれば、もう1つの戦略は「防止」の発想に基づいていた。この2つの戦略は、相互に排除し合うものではなく、共通の目標に向けて、相互に補完的な関係に立っている。

ちょうど60歳を迎えたその年に、アムネスティの拷問禁止キャンペーンに触発されたジュネーブの銀行家ジャン＝ジャック・ゴチエが、拷問の「鎮圧」ではなく「防止」の効能に思いをはせたきっかけは、第2次大戦時におけるナチス・ドイツのユダヤ人処遇の実態にあった。民間人の強制収容所においてユダヤ人を無残に抹殺していたナチス・ドイツが、同じユダヤ系の人間であっても捕虜について比較的手厚く処遇していたのは、赤十字国際委員会（ICRC）の「目」が届いていたからではないか、と彼は考えた。実際に、ICRCはアウシュビッツなど民間人の強制収容施設への訪問を認められていなかった（例外的に、「外向け」の装飾が幾重にもほどこされた民間人収容施設への訪問は認められたが……）。この仮説は、1967年に軍政が始まったギリシアにおけるおびただしい拷問が、欧州審議会の圧力によりICRCの拘禁施設訪問が認められるやたちどころに減少したという事実によって裏づけられた。ギリシアはその後欧州審議会を脱退してICRCの訪問を拒絶するが、拷問は、それと時を同じくして再び増加の様相をみせた。こうして、ゴチエは、1977年に「スイス拷問反対委員会」（1992年に「拷問防止協会」に改組される）を創設し、「防止」の発想を具現化する独自の条約案の起草にとりかかった。

もっとも国連では、アムネスティなどの主導する「鎮圧」型の文書の起草が先行して進められることになり、ゴチエらの条約案は、国際法律家委員会のニール・マクダーモトの提案により、「選択議定書案」として、拷問等禁止条約成立後に検討されることになった。ところがその間に、ゴチエの発想は、フランスのノエル・ベリエールが法務委員会議長を務める欧州審議会において一足早く条約化される機会を得た。1987年に成立した欧州拷問防止条約がそうである。その後、1991年に、スイス拷問反対委員会と国際法律家委員会の手によってアップデイトされた選択議定書案が、コスタリカ政府により国連人権委員会に提出された。人権委員会は作業部会を設け、この議定書案の検討を始め、日本を含む若干の政府の執拗な抵抗を受けながらも、その作業を粘り強く続けてきている。

選択議定書の要諦は、独立した条約機関による施設訪問を締約国が認めるところにある。もっとも、施設訪問により拷問そのものを抑止する効果が生まれ、それによって拷問の防止が可能になるという直線的思考は、いささか楽観的にすぎる。欧州拷問防止委員会のように、どの施設であってもいつでもアクセスしてよい、とされても、実際には、当事国の協力がなければ、現地訪問がスムーズにいくとは考えられない。条

約機関の「突然の」訪問が可能だといっても、現実には、当事国政府の事前の関与がなんらかのかたちで不可欠であり、そうである以上、当該政府は、いざとなれば拷問の痕跡を消し去る工作を行う時間的ゆとりを与えられることになる。現に、欧州拷問防止委員会が施設訪問によって拷問の事実に遭遇したことは、ほとんどないとされる。条約機関の施設訪問の際に拷問の事実が露呈することを恐れて、当事国政府が拷問を思いとどまる、という直接の効果は、選択議定書の場合にもそれほど期待できそうにない。

　にもかかわらず、訪問という手立てが拘禁施設における拷問・虐待を防止するうえできわめて有効であることに疑いはない。施設の訪問は、拷問そのものを標的にするわけではなく、むしろ、拷問を生み出す土壌をえぐり出すことを目的にしている。拘禁状態が一般的に良好で、被拘禁者の権利も十分に尊重されているようなところでは、拷問はまず起きない。拷問が行われるところでは、ほぼ間違いなく、被拘禁者の人権が広範に抑圧されている。条約機関による施設訪問は、その事実を突き止め、当事国政府にその改善を約束させる機会を提供する。訪問後に作成される報告書・勧告が非公開とされるのは、ICRCの先例にならい、それによって改善への動機づけを当事国政府に与えるためにほかならない。欧州拷問防止条約が重要な成果をあげているのは、こうした文脈において理解される。

　選択議定書は、公的権力が介在する拘禁場所への訪問に照準を定めているが、拷問防止の要請は、なにも、そこにとどまるものではない。恣意的な逮捕を控えること、逮捕後に速やかに家族や弁護士に連絡する機会を保障すること、身柄拘束に関する実効的な司法審査を速やかに実現すること、取調べのようすを録音（録画）すること、虐待によって得られた証言の証拠能力を認めないこと、といった一連の措置を確保することで、拷問への回路は確実に閉ざされていく。逆に言えば、こうした措置がとられないところでは、拷問への回路が意図的に築かれているにも等しい。少なくとも、そう疑われてもしかたあるまい。

　「防止」という発想を選択議定書からさらに広げていえば、拷問や虐待が起きる背後に、しばしば、それを促す社会的・政治的価値が横たわっていることも考えなくてはなるまい。拷問等が絶え間なく実践されるところには、特定の人間集団を疎外する社会の分裂状況がある。価値的に劣悪な存在であるという理由をもって、特定の人間集団（犯罪者、「不法」外国人、難民、先住民族、そして女性など）への虐待が社会的に容認され、それがさらなる虐待の温床になっていく。拘禁施設で虐待が起きるのであれば、その外でも同じような虐待が起きる。公的暴力を封じ込め、その芽を摘むには、そうした暴力を誘発する社会環境にも関心を振り向ける必要がある。

ここで再びピノチェトの問題に戻ると、「民主主義の伝統を誇る」イギリスの元首相マーガレット・サッチャーと、それとは対極に位置するはずの軍事独裁者ピノチェトとを固い絆で結びつけてきたのは、市場原理至上主義への強い信仰心であったとされる。実際に、1974年から80年代の終わりにかけて、国連人権委員会において「世界の孤児」として冷遇されていたチリは、その間、金融・財政の「構造調整」を通じ、めざましい経済成長の軌跡を描いていた。税制、社会的コストなどの面において、この国は、多くの多国籍企業にとってパラダイスのごとき存在となり、それだけに、あれほど大規模な拷問・虐待を引き起こしたピノチェト時代のチリを、「世界の模範」と評する政策決定者（金融エリート）はいまだに少なくない。だがその市場主義の「成果」は、反面で、医療・保健・教育などに関わる社会的安全網の劣化、労働組合の弾圧、実質賃金の低下、環境保護プログラムの後退といった大きな代償を伴った。貧富の差が拡大し、社会の分裂が急速に進み、そこから生じた社会的緊張を封殺するため、大がかりな暴力が行使されることになった。チリでは、拷問を容認し、促進するような大状況が社会全体を覆っていたのである。

　実現するかどうかは別にして、ピノチェトを裁くということは、彼が主導した拷問を裁くということである。拷問の撲滅には「不処罰の連鎖」を断たねばならず、その要である拷問等禁止条約の画期的成果ともいうべきイギリス貴族院の判断には、格別の意義が認められる。しかしその一方で、拷問の「防止」という観点から言えば、そうした暴力を誘導した社会状況や政策のありかにまで目を向けてもよいのではないか。

　この点を踏まえると、きわめて憂慮されるのは、1999年7月に公刊された国連開発計画（UNDP）の報告書にもあるように、世界における貧富の差が今日「異様なレベル」に達していることである。旧ユーゴスラビアなど大規模な「民族紛争」が突如として勃発したようにみえるところでも、その背後では、むき出しの市場力学により著しい社会分裂の芽が生み出され、それが、狂暴な暴力を誘発する導火線になっていた。社会分裂に伴う暴力の発現は、いわゆる先進国といえども例外ではない。最も豊かな部類に入る国においてすら、「治安維持」を名目に、極端な力の行使がなされたり、あるいは、拷問を受ける危険性のある国に向けて外国人を追放するケースがみられるようになっている。

　もとより、これらは、決して不可避的に起きている現象ではない。市場に最優先の価値を置く、先進国と国際金融機関の支配エリートによって意図的に誘導された政策の帰結といってよい。そこでは、「市場の価値」が「人間の価値」を明らかに凌駕している。まぎれもなく、人権には低い優先順位しか与えられていない。その結果としての、暴力の発現と容認である。ピノチェト事件は、こうした、経済のグローバリゼイ

ションと暴力（拷問・虐待）との構造的なつながりについても、重要な示唆を与えている。

　死刑の廃止がそうであるように、拷問の廃絶もまた、決してたやすく実現できるものではあるまい。いまだに多くの国が拷問や虐待を繰り返している現状をみれば、その廃絶がいかに困難であるかが容易にうかがい知れる。拷問等禁止条約とて、拷問あるいは虐待の消滅を保証するものではない。条約の締結によって社会が自動的に変革されるわけではないのだ。大切なことは、条約の理念を具現化していくための創造的な営みの構想と実践にある。拷問「鎮圧」への政治的契機を強めていかなくてはならない。拷問「防止」に向けた現実的可能性を押し広げていかなくてはならない。そしてなによりも、究極の目標として、「人間の価値」を守るしなやかな社会・政治環境を整備していかなくてはならない。拷問等禁止条約の締結を機にその誓いを新たにする意義は、急速に閉塞化する時代状況を生きる私たちにとって、ことのほか大きいように思う。

（あべ・こうき）

■条約の締約国数:118カ国(2000年1月現在。日本政府は、117番目の締約国)

■拷問禁止委員会に対する第一回政府報告書提出期限:2000年7月29日

■加入にあたっての条件など
　20条および28条(調査制度)　　　　留保なし
　21条(国家通報制度)　　　　　　　受諾宣言あり
　22条(個人通報制度)　　　　　　　受諾宣言なし
　30条(紛争解決)　　　　　　　　　留保なし
　国内での新たな立法措置・予算措置　なし

■加入に向けた手続の経緯
1999年 3月5日　　条約加入を閣議決定
　　　　4月22日　　衆議院本会議で提案趣旨説明
　　　　5月25日　　衆議院外務委員会で提案趣旨説明
　　　　5月28日　　衆議院外務委員会で審議、加入案承認(起立総員)
　　　　6月1日　　 衆議院本会議で承認(全会一致)
　　　　6月8日　　 参議院外交防衛委員会で審議、加入案承認(全会一致)
　　　　6月9日　　 参議院本会議で承認(全会一致)
　　　　6月29日　　国会を通過した加入案を閣議決定
　　　　6月29日　　国連事務総長に加入書寄託
　　　　7月29日　　条約が国内で発効

■日本政府が締結している人権関係の主要条約ならびに締結年月日
＊締結順に記載。☆印は、条約の実施を担当する条約機関の存在を示す。
　婦人の参政権に関する条約　　　　　　　　　　　　　　　　　　1955年7月13日
　人身売買及び他人の売春からの搾取の禁止に関する条約　　　　　1958年5月1日
☆社会権規約(経済的、社会的及び文化的権利に関する国際規約)　　1979年6月21日
☆自由権規約(市民的及び政治的権利に関する国際規約)　　　　　　1979年6月21日
　難民条約(難民の地位に関する条約)　　　　　　　　　　　　　　1981年10月3日
　難民議定書(難民の地位に関する議定書)　　　　　　　　　　　　1982年1月1日
☆女性差別撤廃条約(女子に対するあらゆる形態の差別の撤廃に関する条約)　1985年6月25日
☆子どもの権利条約(児童の権利に関する条約)　　　　　　　　　　1994年4月22日
☆人種差別撤廃条約(あらゆる形態の人種差別の撤廃に関する国際条約)　1995年12月15日
☆拷問等禁止条約(拷問及びその他の残虐な、非人道的な又は品位を傷つける
　取扱い又は刑罰に関する条約)　　　　　　　　　　　　　　　　 1999年6月29日

アムネスティ・インターナショナル
拷問禁止のための12項目プログラム

　拷問は人権の根本的な侵害であり、国連総会で人間の尊厳の侵犯であると非難され、国内法と国際法の下で禁止されている。しかし、拷問は存続している、日常的にそして世界中で。アムネスティの経験では、法律で禁止しても拷問はなくならない。拷問やその他の残酷で非人道的あるいは屈辱的処遇または刑罰がどこで起ころうともそれに立ち向かうために、そしてそれらを完全に廃絶するために、迅速な前進が必要とされている。
　アムネスティ・インターナショナルは、拷問の禁止のために以下の12項目プログラムを実施することをすべての政府に要請する。また、関心のある個人や団体がこのプログラムの促進に参加するよう訴える。このプログラムを実行することが個々の政府の拷問を廃止しようという決意、そして世界中の拷問を廃止することに貢献しようという意志を示すものと、アムネスティ・インターナショナルは信じている。

　１．拷問に対する公式の非難と禁止
　すべての国の政府の最高責任者は、拷問に対して無条件に反対するとの自らの見解を表明すべきである。すべての法執行者に対して、拷問はいかなる状況においても容認されないことを明らかにすべきである。

　２．隔離拘禁の制限
　拷問は、犠牲者が、彼らを援助したりその状況を明らかにすることのできる外部の人々の接触を完全に断たれた状況、すなわち隔離拘禁中にしばしば発生している。政府は、隔離拘禁を拷問の機会として用いさせないよう確実な保証措置を採用すべきである。すべての囚人に対して投獄後すみやかに司法手続きを開始するとともに、近親者や弁護士および医師が彼らと即時、かつ定期的に接触しうることが、何よりも肝要である。

　３．秘密拘禁の禁止
　いくつかの国では、犠牲者が「失踪」した後、実際には秘密裏に拘禁されて、しばしば秘密収容所で拷問がおこなわれる。政府は、囚人が正規に認められた場所で拘禁されること、および彼らの消息に関する正確な情報を近親者や弁護士に伝えることを保証すべきである。

　４．尋問中および拘禁中の保証措置
　政府は、拘禁や尋問の手続きを定期的に見直さなければならない。すべての囚人は、処遇について申し立てをおこなう権利をはじめ、彼らの権利について拘禁後ただちに知らされなければならない。また独立した機関による拘禁施設の定期的な査察がおこなわれなければならない。拘禁機関と尋問機関との責任を分離することは、拷問を防止するための重要な保証措置であると考えられる。

　５．独立した機関による拷問に関する情報調査
　政府は、すべての拷問に関する申し立ておよび情報を公正かつ効果的に調査するように保証

すべきである。このような調査結果は公表されなければならない。また申し立てをおこなった者や証人は、脅迫から保護されなければならない。

6．拷問による自白の採用の禁止
　政府は、拷問によって得られた自白およびその他の証言が審理手続きにおいて採用されることのないように保証すべきである。

7．法律による拷問の禁止
　政府は、拷問が刑法上の犯罪であることを保証しなければならない。国際法に基づき、拷問は戦争状態およびその他の緊急事態を含めたいかなる状況においても、禁止されなければならない。

8．拷問の容疑者の訴追
　拷問の行使に責任あるものは裁判に付されなければならない。この原則は、これらの責任者の居住地や、拷問の発生場所、そして拷問の執行者や犠牲者の国籍に関係なく、適用されるべきものである。拷問をおこなったものに対して、「安全な非難場所」などあってはならない。

9．研修・教育措置
　囚人の拘禁や尋問または処遇に関わるすべての関係職員に対し、研修・教育の場所を通じて、拷問は犯罪行為であることが明確に伝えられなければならない。また、拷問の命令に対しても彼らは拒否する義務を負うことが教育されなければならない。

10．補償と社会復帰
　拷問の犠牲者と彼らの扶養家族に対しては、経済的補償を得る権利が認められるべきである。犠牲者には、適切な医療と社会復帰のための措置が与えられなければならない。

11．国際的な対応
　政府は、拷問で告発された政府に対して働きかけるために、利用できるあらゆるルートを用いるべきである。そのための政府間組織を設置し、拷問に関する情報に対して直ちに調査をおこない、また有効な対抗措置を講じるべきである。政府は、(他の国に対する) 軍、治安機関、または警察力の移送や訓練が、拷問に用いられないよう保証すべきである。

12．国際諸条約の批准
　すべての政府は、「市民的および政治的権利に関する国際規約」および個々の申し立てについて規定した同選択議定書をはじめ、拷問に対する保証と救急措置を定めた国際諸規約を批准すべきである。

　この「12項目プログラム」は、1983年10月に「拷問廃止キャンペーン」の一環として、アムネスティによって採択されたものである。

共同声明
日本政府による拷問等禁止条約への加入と、
同条約の発効を歓迎
条約の遵守と人権条約の改善を求める
（各項目の内容については省略）

　日本政府が去る6月29日、「拷問及びその他の残虐な、非人道的な又は品位を傷つける取り扱い又は刑罰を禁止する条約(拷問等禁止条約)」に加入し、本日、同条約が発効した。国内外における拷問等の根絶に関心を払ってきた私たち日本のNGOは、日本政府が、条約採択から15年を経てようやく、拷問等根絶のための国際的な取り組みに加わることを歓迎する。

　しかしながら私たちは同時に、日本国内には、条約に基づいて改善されなければならない多くの問題が存在すると認識している。条約の発効にあたり、私たちは、日本政府が条約に定められた義務を遵守し、国内外の人権状況を国際人権基準に近づけるために積極的な取り組みを始めるよう強く求める。

　条約は、事実が明るみに出にくい「拷問・虐待」を、国際協力によって根絶するという理念に基づいて採択された。それは、条約の締約国が、自国の刑事拘禁施設や入国管理局の外国人収容施設などにおける人権侵害をなくすことに留まらない。条約は、拷問を受ける可能性のある国に人を送還することを禁止し、また国内外で拷問に関与した者を訴追する義務を定めている。チリのピノチェト元大統領に対する英国での身柄拘束が、条約に基づき合法とされたことは、記憶に新しい。これらは、条約の締約国が拷問禁止のための国際貢献を行なう義務を持つことを意味している。

　私たちは、日本政府が、条約の理念を最大限に尊重し、下記の措置をとることを要請する。
■個人通報制度(第22条)について、早期に受諾宣言を行なうこと。
■独立した人権救済機関を設置(第12条・13条)すること。
■条約の規定について十分な教育・研修の実施(第10条)を保障すること。
■拷問の定義(第1条)について、国内規定の十分な再検討を行なうこと。
■国連規約人権委員会による第4回日本政府報告書審査に基づく、同委員会の「最終所見」を十分に踏まえ、拷問等禁止条約の実施を推進すること。
■第一回日本政府報告書の提出ならびに審査に向けて、国内外のNGOと十分な協議を保障すること。

　上記に加えて、私たちは、日本政府が下記の個別課題について措置を取ることを要請する。
■刑事施設における処遇を改善すること。
■警察留置場における処遇を改善すること。
■入国管理局の外国人収容施設における処遇を改善すること。
■難民認定審査手続きを改善すること。

アムネスティ・インターナショナル日本支部
監獄人権センター
拷問等禁止条約の批准を求める会
入管問題調査会【50音順】

各国の拷問等禁止条約批准・加入状況（50音順）

2000年1月19日現在

国名	種類	年月日	国名	種類	年月日	国名	種類	年月日
アイスランド	批准	1996.10.23	ケニア	加入	1997.2.21	ハンガリー	批准	1987.4.15
アイルランド	署名	1992.9.28	コスタリカ	批准	1993.11.11	バングラデシュ	加入	1998.10.5
アゼルバイジャン	加入	1996.8.16	コロンビア	批准	1987.12.8	フィリピン	加入	1986.6.18
アフガニスタン	批准	1987.4.1	コンゴ民主共和国	加入	1996.3.18	フィンランド	批准	1989.8.30
アメリカ合衆国	批准	1994.10.21	サイプラス	批准	1991.7.18	ブラジル	批准	1989.9.28
アルジェリア	批准	1989.9.12	サウジアラビア	加入	1997.9.23	フランス	批准	1986.2.18
アルゼンチン	批准	1986.9.24	ザンビア	加入	1998.10.7	ブルガリア	批准	1986.12.16
アルバニア	加入	1994.5.11	シェラレオーネ	署名	1985.3.18	ブルキナファソ	加入	1999.1.4
アルメニア	加入	1993.9.13	スイス	批准	1986.12.2	ブルンディ	加入	1993.2.18
アンティグア	加入	1993.7.19	スウェーデン	批准	1986.1.8	ベナン	加入	1992.3.12
イエメン	加入	1991.11.5	スーダン	署名	1986.6.4	ベネズエラ	批准	1991.7.29
イスラエル	批准	1991.10.3	スペイン	批准	1987.10.21	ベラルーシ	批准	1987.3.13
イタリア	批准	1989.1.12	スリランカ	加入	1994.1.3	ベリーズ	加入	1986.3.17
インド	署名	1997.10.14	スロバキア	承継	1993.5.28	ペルー	批准	1988.7.7
インドネシア	批准	1998.10.28	スロベニア	加入	1993.7.16	ベルギー	批准	1999.6.25
ウガンダ	加入	1986.11.3	セイシェル	加入	1992.5.5	ポーランド	批准	1989.7.26
ウクライナ	批准	1987.2.24	セネガル	批准	1986.8.21	ボスニアヘルツェゴビナ	承継	1993.9.1
ウズベキスタン	加入	1995.9.28	象牙海岸共和国	加入	1995.12.18	ボリビア	批准	1999.4.12
ウルグアイ	批准	1986.10.24	ソマリア	加入	1990.1.24	ポルトガル	批准	1989.2.9
エクアドル	批准	1988.3.30	大韓民国	加入	1995.1.9	ホンジュラス	加入	1996.12.5
エジプト	加入	1986.6.25	タジキスタン	加入	1995.1.11	マケドニア	承継	1994.12.12
エストニア	加入	1991.10.21	チェコ	承継	1993.2.22	マラウイ	加入	1996.6.11
エチオピア	加入	1994.3.14	チャド	加入	1995.6.9	マリ	加入	1999.2.26
エルサルバドル	加入	1996.6.17	中華人民共和国	批准	1988.10.4	マルタ	加入	1990.9.13
オーストラリア	批准	1989.8.8	チュニジア	批准	1988.9.23	南アフリカ共和国	批准	1998.12.10
オーストリア	批准	1987.7.29	チリ	批准	1988.9.30	メキシコ	批准	1986.1.23
オランダ	批准	1988.12.21	デンマーク	批准	1987.5.27	モーリシャス	加入	1992.12.9
カーボベルデ	加入	1992.6.4	ドイツ	批准	1990.10.1	モザンビーク	加入	1999.9.14
ガイアナ	批准	1988.5.19	トーゴ	批准	1987.11.18	モナコ	加入	1991.12.6
カザフスタン	加入	1998.8.26	ドミニカ共和国	署名	1985.2.4	モルドバ	加入	1995.11.28
カナダ	批准	1987.6.24	トルクメニスタン	加入	1999.6.25	モロッコ	批准	1993.6.21
ガボン	署名	1986.1.21	トルコ	批准	1988.8.2	ユーゴスラビア	批准	1991.9.10
カメルーン	加入	1986.12.19	ナイジェリア	署名	1988.7.28	ヨルダン	加入	1991.11.13
ガンビア	署名	1985.10.23	ナミビア	加入	1994.11.28	ラトビア	加入	1992.4.14
カンボジア	加入	1992.10.15	ニカラグア	署名	1985.4.15	リトアニア	加入	1996.2.1
ギニア	批准	1989.10.10	ニジェール	加入	1998.10.5	リビア	加入	1989.5.16
キューバ	批准	1995.5.17	日本	加入	1999.6.29	リヒテンシュタイン	批准	1990.11.2
ギリシャ	批准	1988.10.6	ニュージーランド	批准	1989.12.10	ルーマニア	加入	1990.12.18
キルギス	加入	1997.9.5	ネパール	加入	1991.5.14	ルクセンブルグ	批准	1987.9.29
グアテマラ	加入	1990.1.5	ノルウェー	批准	1986.7.9	連合王国	批准	1988.12.8
クェート	加入	1996.3.8	パナマ	批准	1987.8.24	ロシア	批准	1987.3.3
グルジア	加入	1994.10.26	バハレーン	加入	1998.3.6			
クロアチア	承継	1992.10.12	パラグアイ	批准	1990.3.12			

Convention against Torture and Other Cruel, Inhuman or Degrading Treatment or Punishment

The States Parties to this Convention,

Considering that, in accordance with the principles proclaimed in the Charter of the United Nations, recognition of the equal and inalienable rights of all members of the human family is the foundation of freedom, justice and peace in the world,

Recognizing that those rights derive from the inherent dignity of the human person,

Considering the obligation of States under the Charter, in particular Article 55, to promote universal respect for, and observance of, human rights and fundamental freedoms,

Having regard to article 5 of the Universal Declaration of Human Rights and article 7 of the International Covenant on Civil and Political Rights, both of which provide that no one shall be subjected to torture or to cruel, inhuman or degrading treatment or punishment,

Having regard also to the Declaration on the Protection of All Persons from Being Subjected to Torture and Other Cruel, Inhuman or Degrading Treatment or Punishment, adopted by the General Assembly on 9 December 1975,

Desiring to make more effective the struggle against torture and other cruel, inhuman or degrading treatment or punishment throughout the world,

Have agreed as follows:

PART I

Article 1

1. For the purposes of this Convention, the term "torture" means any act by which severe pain or suffering, whether physical or mental, is intentionally inflicted on a person for such purposes as obtaining from him or a third per-

拷問及び他の残虐な、非人道的な又は品位を傷つける取扱い又は刑罰に関する条約

この条約の締約国は、

国際連合憲章において宣明された原則によれば、人類社会のすべての構成員の平等のかつ奪い得ない権利を認めることが世界における自由、正義及び平和の基礎を成すものであることを考慮し、

これらの権利が人間の固有の尊厳に由来することを認め、

人権及び基本的自由の普遍的な尊重及び遵守を助長すべき義務を国際連合憲章、特にその第五十五条の規定に基づいて諸国が負っていることを考慮し、

何人も拷問又は残虐な、非人道的な若しくは品位を傷つける取扱い若しくは刑罰を受けないことを定めている世界人権宣言第五条及び市民的及び　政治的権利に関する国際規約第七条の規定に留意し、

また、千九百七十五年十二月九日に国際連合総会で採択された拷問及び他の残虐な、非人道的な又は品位を傷つける取扱い又は刑罰を受けることからのすべての人の保護に関する宣言に留意し、

拷問及び他の残虐な、非人道的な又は品位を傷つける取扱い又は刑罰を無くすための世界各地における努力を一層効果的なものとすることを希望して、

次のとおり協定した。

第一部

第一条

1. この条約の適用上、「拷問」とは、身体的なものであるか精神的なのであるかを問わず人に重い苦痛を故意に与える行為で

son information or a confession, punishing him for an act he or a third person has committed or is suspected of having committed, or intimidating or coercing him or a third person, or for any reason based on discrimination of any kind, when such pain or suffering is inflicted by or at the instigation of or with the consent or acquiescence of a public official or other person acting in an official capacity. It does not include pain or suffering arising only from, inherent in or incidental to lawful sanctions.

2. This article is without prejudice to any international instrument or national legislation which does or may contain provisions of wider application.

Article 2

1. Each State Party shall take effective legislative, administrative, judicial or other measures to prevent acts of torture in any territory under its jurisdiction.

2. No exceptional circumstances whatsoever, whether a state of war or a threat of war, internal political in stability or any other public emergency, may be invoked as a justification of torture.

3. An order from a superior officer or a public authority may not be invoked as a justification of torture.

Article 3

1. No State Party shall expel, return ("refouler") or extradite a person to another State where there are substantial grounds for believing that he would be in danger of being subjected to torture.

2. For the purpose of determining whether there are such grounds, the competent authorities shall take into account all relevant considerations including, where applicable, the existence in the State concerned of a consistent pattern of gross, flagrant or mass violations of human rights.

Article 4

1. Each State Party shall ensure that all acts of torture are offences under its criminal law. The same shall apply to an attempt to commit torture and to an act by any person which constitutes complicity or participation in torture.

あって、本人若しくは第三者から情報若しくは自白を得ること、本人若しくは第三者が行ったか若しくはその疑いがある行為について本人を罰すること、本人若しくは第三者を脅迫し若しくは強要することその他これらに類することを目的として又は何らかの差別に基づく理由によって、かつ、公務員その他の公的資格で行動する者により又はその扇動により若しくはその同意若しくは黙認の下に行われるものをいう。「拷問」には、合法的な制裁の限りで苦痛が生ずること又は合法的な制裁に固有の若しくは付随する苦痛を与えることを含まない。

2. 1の規定は、適用範囲が一層広い規定を含んでおり又は含むことのある国際文書又は国内法令に影響を及ぼすものではない。

第二条

1. 締約国は、自国の管轄の下にある領域内において拷問に当たる行が行われることを防止するため、立法上、行政上、司法上その他の効果的な措置をとる。

2. 戦争状態、戦争の脅威、内政の不安定又は他の公の緊急事態であるかどうかにかかわらず、いかなる例外的な事態も拷問を正当化する根拠として援用することはできない。

3. 上司又は公の機関による命令は、拷問を正当化する根拠として援用することはできない。

第三条

1. 締約国は、いずれの者をも、その者に対する拷問が行われるおそれがあると信ずるに足りる実質的な根拠がある他の国へ追放し、送還し又は引き渡してはならない。

2. 権限のある当局は、1の根拠の有無を決定するに当たり、すべての関連する事情(該当する場合には、関係する国における一貫した形態の重大な、明らかな又は大規模な人権侵害の存在を含む。)を考慮する。

2. Each State Party shall make these offences punishable by appropriate penalties which take into account their grave nature.

Article 5

1. Each State Party shall take such measures as may be necessary to establish its jurisdiction over the offences referred to in article 4 in the following cases:

(a) When the offences are committed in any territory under its jurisdiction or on board a ship or aircraft registered in that State;

(b) When the alleged offender is a national of that State;

(c) When the victim is a national of that State if that State considers it appropriate.

2. Each State Party shall likewise take such measures as may be necessary to establish its jurisdiction over such offences in cases where the alleged offender is present in any territory under its jurisdiction and it does not extradite him pursuant to article 8 to any of the States mentioned in paragraph I of this article.

3. This Convention does not exclude any criminal jurisdiction exercised in accordance with internal law.

Article 6

1. Upon being satisfied, after an examination of information available to it, that the circumstances so warrant, any State Party in whose territory a person alleged to have committed any offence referred to in article 4 is present shall take him into custody or take other legal measures to ensure his presence. The custody and other legal measures shall be as provided in the law of that State but may be continued only for such time as is necessary to enable any criminal or extradition proceedings to be instituted.

2. Such State shall immediately make a preliminary inquiry into the facts.

3. Any person in custody pursuant to paragraph I of this article shall be assisted in communicating immediately with the nearest appropriate representative of the State of which he is a national, or, if he is a stateless person, with the representative of the State where he usually resides.

第四条

1. 締約国は、拷問に当たるすべての行為を自国の刑法上の犯罪とすることを確保する。拷問の未遂についても同様とし、拷問の共謀又は拷問への加担に当たる行為についても同様とする。

2. 締約国は、1の犯罪について、その重大性を考慮した適当な刑罰を科することができるようにする。

第五条

1. 締約国は、次の場合において前条の犯罪についての自国の裁判権を設定するため、必要な措置をとる。

(a) 犯罪が自国の管轄の下にある領域内で又は自国において登録された船舶若しくは航空機内で行われる場合

(b) 容疑者が自国の国民である場合

(c) 自国が適当と認めるときは、被害者が自国の国民である場合

2. 締約国は、容疑者が自国の管轄の下にある領域内に所在し、かつ、自国が1のいずれの締約国に対しても第八条の規定による当該容疑者の引渡しを行わない場合において前条の犯罪についての自国の裁判権を設定するため、同様に、必要な措置をとる。

3. この条約は、国内法に従って行使される刑事裁判権を排除するものではない。

第六条

1. 第四条の犯罪の容疑者が領域内に所在する締約国は、自国が入手することができる情報を検討した後、状況によって正当であると認める場合には、当該容疑者の所在を確実にするため、抑留その他の法的措置をとる。この措置は、当該締約国の法令に定めるところによるものとするが、刑事訴訟手続又は犯罪人引渡手続を開始するために必要とする期間に限って継続することができる。

2. 1の措置をとった締約国は、事実について直ちに予備調査を行う。

4. When a State, pursuant to this article, has taken a person into custody, it shall immediately notify the States referred to in article 5, paragraph 1, of the fact that such person is in custody and of the circumstances which warrant his detention. The State which makes the preliminary inquiry contemplated in paragraph 2 of this article shall promptly report its findings to the said States and shall indicate whether it intends to exercise jurisdiction.

Article 7

1. The State Party in the territory under whose jurisdiction a person alleged to have committed any offence referred to in article 4 is found shall in the cases contemplated in article 5, if it does not extradite him, submit the case to its competent authorities for the purpose of prosecution.

2. These authorities shall take their decision in the same manner as in the case of any ordinary offence of a serious nature under the law of that State. In the cases referred to in article 5, paragraph 2, the standards of evidence required for prosecution and conviction shall in no way be less stringent than those which apply in the cases referred to in article 5, paragraph 1.

3. Any person regarding whom proceedings are brought in connection with any of the offences referred to in article 4 shall be guaranteed fair treatment at all stages of the proceedings.

Article 8

1. The offences referred to in article 4 shall be deemed to be included as extraditable offences in any extradition treaty existing between States Parties. States Parties undertake to include such offences as extraditable offences in every extradition treaty to be concluded between them.

2. If a State Party which makes extradition conditional on the existence of a treaty receives a request for extradition from another. State Party with which it has no extradition treaty, it may consider this Convention as the legal basis for extradition in respect of such offences. Extradition shall be subject to the other condi-

3. 1の規定に基づいて抑留された者は、その国籍国の最寄りの適当な代表と又は、当該者が無国籍者である場合には、当該者が通常居住している国の代表と直ちに連絡を取ることについて援助を与えられる。

4. いずれの国も、この条の規定に基づいていずれかの者を抑留する場合には、前条1（a）、（b）又は（c）の場合に該当する国に対し、当該者が抑留されている事実及びその抑留が正当とされる事情を直ちに通報する。2の予備調査を行う国は、その結果をこれらの国に対して速やかに報告するものとし、また、自国が裁判権を行使する意図を有するか否かを明らかにする。

第七条

1. 第四条の犯罪の容疑者がその管轄の下にある領域内で発見された締約国は、第五条の規定に該当する場合において、当該容疑者を引き渡さないときは、訴追のため自国の権限のある当局に事件を付託する。

2. 1の当局は、自国の法令に規定する通常の重大な犯罪の場合と同様の方法で決定を行う。第五条2の規定に該当する場合における訴追及び有罪の言渡しに必要な証拠の基準は、同条1の規定に該当する場合において適用される基準よりも緩やかなものであってはならない。

3. いずれの者も、自己につき第四条の犯罪のいずれかに関して訴訟手続がとられている場合には、そのすべての段階において公正な取扱いを保障される。

第八条

1. 第四条の犯罪は、締約国間の現行の犯罪人引渡条約における引渡犯罪とみなされる。締約国は、相互間で将来締結されるすべての犯罪人引渡条約に同条の犯罪を引渡犯罪として含めることを約束する。

2. 条約の存在を犯罪人引渡しの条件とする締約国は、自国との間に犯罪人引渡条約を締結していない他の締約国から犯罪人引

tions provided by the law of the requested State.

3. States Parties which do not make extradition conditional on the existence of a treaty shall recognize such offences as extraditable offences between themselves subject to the conditions provided by the law of the requested State.

4. Such offences shall be treated, for the purpose of extradition between States Parties, as if they had been committed not only in the place in which they occurred but also in the territories of the States required to establish their jurisdiction in accordance with article 5, paragraph 1.

Article 9

1. States Parties shall afford one another the greatest measure of assistance in connection with criminal proceedings brought in respect of any of the offences referred to in article 4, including the supply of all evidence at their disposal necessary for the proceedings.

2. States Parties shall carry out their obligations under paragraph I of this article in conformity with any treaties on mutual judicial assistance that may exist between them.

Article 10

1. Each State Party shall ensure that education and information regarding the prohibition against torture are fully included in the training of law enforcement personnel, civil or military, medical personnel, public officials and other persons who may be involved in the custody, interrogation or treatment of any individual subjected to any form of arrest, detention or imprisonment.

2. Each State Party shall include this prohibition in the rules or instructions issued in regard to the duties and functions of any such person.

Article 11

Each State Party shall keep under systematic review interrogation rules, instructions, methods and practices as well as arrangements for the custody and treatment of persons subjected to any form of arrest, detention or imprisonment in any territory under its jurisdic-

渡しの請求を受けた場合には、この条約を第四条の犯罪に関する犯罪人引渡しのための法的根拠とみなすことができる。この犯罪人引渡しは、請求を受けた国の法令に定める他の条件に従う。

3. 条約の存在を犯罪人引渡しの条件としない締約国は、犯罪人引渡しの請求を受けた国の法令に定める条件に従い、相互間で、第四条の犯罪を引渡犯罪と認める。

4. 第四条の犯罪は、締約国間の犯罪人引渡しに関しては、当該犯罪が発生した場所のみでなく、第五条1の規定に従って裁判権を設定しなければならない国の領域内においても行われたものとみなされる。

第九条

1. 締約国は、第四条の犯罪のいずれかについてとられる刑事訴訟手続に関し、相互に最大限の援助(当該訴訟手続に必要であり、かつ、自国が提供することができるすべての証拠の提供を含む。)を与える。

2. 締約国は、相互間に司法上の相互援助に関する条約が存在する場合には、当該条約に合致するように1に規定する義務を履行する。

第十条

1. 締約国は、拷問の禁止についての教育及び情報が、逮捕され、抑留され又は拘禁される者の身体の拘束、尋問又は取扱いに関与する法執行の職員(文民であるか軍人であるかを問わない。)、医療職員、公務員その他の者に対する訓練に十分取り入れられることを確保する。

2. 締約国は、1に規定する職員、公務員その他の者の義務及び職務に関する規則又は指示に拷問の禁止を含める。

第十一条

締約国は、拷問が発生することを無くすため、尋問に係る規則、指示、方法及び慣行並びに自国の管轄の下にある領域内で逮捕され、抑留され又は拘禁される者の身体の拘

tion, with a view to preventing any cases of torture.

Article 12

Each State Party shall ensure that its competent authorities proceed to a prompt and impartial investigation, wherever there is reasonable ground to believe that an act of torture has been committed in any territory under its jurisdiction.

Article 13

Each State Party shall ensure that any individual who alleges he has been subjected to torture in any territory under its jurisdiction has the right to complain to, and to have his case promptly and impartially examined by, its competent authorities.Steps shall be taken to ensure that the complainant and witnesses are protected against all ill-treatment or intimidation as a consequence of his complaint or any evidence given.

Article 14

1. Each State Party shall ensure in its legal system that the victim of an act of torture obtains redress and has an enforceable right to fair and adequate compensation, including the means for as full rehabilitation as possible. In the event of the death of the victim as a result of an act of torture, his dependants shall be entitled to compensation.

2. Nothing in this article shall affect any right of the victim or other persons to compensation which may exist under national law.

Article 15

Each State Party shall ensure that any statement which is established to have been made as a result of torture shall not be invoked as evidence in any proceedings, except against a person accused of torture as evidence that the statement was made.

Article 16

1. Each State Party shall undertake to prevent in any territory under its jurisdiction other acts of cruel, inhuman or degrading treatment or punishment which do not amount to torture as defined in article I, when such acts are committed by or at the instigation of or with the consent or acquiescence of a public official or

束及び取扱いに係る措置についての体系的な検討を維持する。

第十二条

締約国は、自国の管轄の下にある領域内で拷問に当たる行為が行われたと信ずるに足りる合理的な理由がある場合には、自国の権限のある当局が迅速かつ公平な調査を行うことを確保する。

第十三条

締約国は、自国の管轄の下にある領域内で拷問を受けたと主張する者が自国の権限のある当局に申立てを行い迅速かつ公平な検討を求める権利を有することを確保する。申立てを行った者及び証人をその申立て又は証拠の提供の結果生ずるあらゆる不当な取扱い又は脅迫から保護することを確保するための措置がとられるものとする。

第十四条

1.締約国は、拷問に当たる行為の被害者が救済を受けること及び公正かつ適正な賠償を受ける強制執行可能な権利を有すること(できる限り十分なリハビリテーションに必要な手段が与えられることを含む。)を自国の法制において確保する。被害者が拷問に当たる行為の結果死亡した場合には、その被扶養者が賠償を受ける権利を有する。

2.1の規定は、賠償に係る権利であって被害者その他の者が国内法令に基づいて有することのあるものに影響を及ぼすものではない。

第十五条

締約国は、拷問によるものと認められるいかなる供述も、当該供述が行われた旨の事実についての、かつ、拷問の罪の被告人に不利な証拠とする場合を除くほか、訴訟手続における証拠としてはならないことを確保する。

第十六条

1.締約国は、自国の管轄の下にある領域内において、第一条に定める拷問には至ら

other person acting in an official capacity. In particular, the obligations contained in articles 10, 11, 12 and 13 shall apply with the substitution for references to torture of references to other forms of cruel, inhuman or degrading treatment or punishment.

2. The provisions of this Convention are without prejudice to the provisions of any other international instrument or national law which prohibits cruel, inhuman or degrading treatment or punishment or which relates to extradition or expulsion.

PART II

Article 17

1. There shall be established a Committee against Torture (hereinafter referred to as the Committee) which shall carry out the functions hereinafter provided. The Committee shall consist of ten experts of high moral standing and recognized competence in the field of human rights, who shall serve in their personal capacity. The experts shall be elected by the States Parties, consideration being given to equitable geographical distribution and to the usefulness of the participation of some persons having legal experience.

2. The members of the Committee shall be elected by secret ballot from a list of persons nominated by States Parties. Each State Party may nominate one person from among its own nationals. States Parties shall bear in mind the usefulness of nominating persons who are also members of the Human Rights Committee established under the International Covenant on Civil and Political Rights and who are willing to serve on the Committee against Torture.

3. Elections of the members of the Committee shall be held at biennial meetings of States Parties convened by the Secretary-General of the United Nations. At those meetings, for which two thirds of the States Parties shall constitute a quorum, the persons elected to the Committee shall be those who obtain the largest number of votes and an absolute majority of the votes of the representatives of States Par-

ない他の行為であって、残虐な、非人道的な又は品位を傷つける取扱い又は刑罰に当たり、かつ、公務員その他の公的資格で行動する者により又はその扇動により若しくはその同意若しくは黙認の下に行われるものを防止することを約束する。特に、第十条から第十三条までに規定する義務については、これらの規定中「拷問」を「他の形態の残虐な、非人道的な又は品位を傷つける取扱い又は刑罰」と読み替えた上で適用する。

2. この条約は、残虐な、非人道的な若しくは品位を傷つける取扱い若しくは刑罰を禁止し又は犯罪人引渡し若しくは追放に関連する他の国際文書又は国内法令に影響を及ぼすものではない。

第二部

第十七条

1. 拷問の禁止に関する委員会(以下「委員会」という。)を設置する。委員会は、この部に定める任務を行う。委員会は、徳望が高く、かつ、人権の分野において能力を認められた十人の専門家により構成され、これらの専門家は、個人の資格で職務を遂行する。これらの専門家については、締約国が、委員会の委員の配分が地理的に衡平に行われること及び法律関係の経験を有する者の参加が有益であることを考慮して選出する。

2. 委員会の委員は、締約国により指名された者の名簿の中から秘密投票により選出される。各締約国は、自国民の中から一人を指名することができる。締約国は、市民的及び政治的権利に関する国際規約に基づいて設置された人権委員会の委員でもあり、かつ、拷問の禁止に関する委員会の任務を遂行する意思を有する者を指名することが有益であることに留意する。

3. 委員会の委員の選挙は、国際連合事務総長により招集される二年ごとの締約国の

ties present and voting.

4. The initial election shall be held no later than six months after the date of the entry into force of this Convention. At. Ieast four months before the date of each election, the Secretary-General of the United Nations shall address a letter to the States Parties inviting them to submit their nominations within three months. The Secretary-General shall prepare a list in alphabetical order of all persons thus nominated, indicating the States Parties which have nominated them, and shall submit it to the States Parties.

5. The members of the Committee shall be elected for a term of four years. They shall be eligible for re-election if renominated. However, the term of five of the members elected at the first election shall expire at the end of two years; immediately after the first election the names of these five members shall be chosen by lot by the chairman of the meeting referred to in paragraph 3 of this article.

6. If a member of the Committee dies or resigns or for any other cause can no longer perform his Committee duties, the State Party which nominated him shall appoint another expert from among its nationals to serve for the remainder of his term, subject to the approval of the majority of the States Parties. The approval shall be considered given unless half or more of the States Parties respond negatively within six weeks after having been informed by the Secretary-General of the United Nations of the proposed appointment.

7. States Parties shall be responsible for the expenses of the members of the Committee while they are in performance of Committee duties.

Article 18

1. The Committee shall elect its officers for a term of two years. They may be re-elected.

2. The Committee shall establish its own rules of procedure, but these rules shall provide, inter alia, that:

(a) Six members shall constitute a quorum;

(b) Decisions of the Committee shall be made by a majority vote of the members

会合において行う。この会合は締約国の三分の二をもって定足数とし、会合に出席しかつ投票する締約国の代表によって投じられた票の最多数で、かつ、過半数の票を得た者をもって委員会に選出された委員とする。

4 委員会の委員の最初の選挙は、この条約の効力発生の日の後六箇月以内に行う。国際連合事務総長は、委員会の委員の選挙の日の遅くとも四箇月前までに、締約国に対し、自国が指名する者の氏名を三箇月以内に提出するよう書簡で要請する。同事務総長は、このようにして指名された者のアルファベット順による名簿(これらの者を指名した締約国名を表示した名簿とする。)を作成し、締約国に送付する。

5 委員会の委員は、四年の任期で選出され、再指名された場合には、再選される資格を有する。最初の選挙において選出された委員のうち五人の委員(これらの委員は、最初の選挙の後直ちに、3に規定する会合において議長がくじで定めるものとする。)の任期は、二年で終了する。

6 委員会の委員が死亡し、辞任し又は他の理由により委員会の任務を遂行することができなくなった場合には、当該委員を指名した締約国は、締約国の過半数の承認が得られることを条件として、自国民の中から当該委員の残任期間中その職務を遂行する他の専門家を任命する。その任命については、国際連合事務総長がこれを通報した後六週間以内に締約国の二分の一以上が反対しない限り、必要な承認が得られたものとする。

7 締約国は、委員会の任務を遂行中の委員に係る経費について責任を負う。

第十八条

1 委員会は、役員を二年の任期で選出する。役員は、再選されることができる。

2 委員会は、手続規則を定める。この手続規則には、特に次のことを定める。

present.

3. The Secretary-General of the United Nations shall provide the necessary staff and facilities for the effective performance of the functions of the Committee under this Convention.

4. The Secretary-General of the United Nations shall convene the initial meeting of the Committee. After its initial meeting, the Committee shall meet at such times as shall be provided in its rules of procedure.

5. The States Parties shall be responsible for expenses incurred in connection with the holding of meetings of the States Parties and of the Committee, including reimbursement to the United Nations for any expenses, such as the cost of staff and facilities, incurred by the United Nations pursuant to paragraph 3 of this article.

Article 19

1. The States Parties shall submit to the Committee, through the Secretary-General of the United Nations, reports on the measures they have taken to give effect to their undertakings under this Convention, within one year after the entry into force of the Convention for the State Party concerned. Thereafter the States Parties shall submit supplementary reports every four years on any new measures taken and such other reports as the Committee may request.

2. The Secretary-General of the United Nations shall transmit the reports to all States Parties.

3. Each report shall be considered by the Committee which may make such general comments on the report as it may consider appropriate and shall forward these to the State Party concerned. That State Party may respond with any observations it chooses to the Committee.

4. The Committee may, at its discretion, decide to include any comments made by it in accordance with paragraph 3 of this article, together with the observations thereon received from the State Party concerned, in its annual report made in accordance with article 24. If so

(a) 六人の委員をもって定足数とすること。

(b) 委員会の決定は、出席する委員が投ずる票の過半数によって行うこと。

3. 国際連合事務総長は、委員会がこの条約に基づく任務を効果的に遂行するために必要な職員及び便益を提供する。

4. 国際連合事務総長は、委員会の最初の会合を招集する。委員会は、最初の会合の後は、手続規則に定める時期に会合する。

5. 締約国は、締約国の会合及び委員会の会合の開催に関連して生じた経費（職員及び便益に係る費用等3に規定するところにより国際連合に生じた経費の国際連合に対する償還を含む。）について責任を負う。

第十九条

1. 締約国は、自国がこの条約に基づく約束を履行するためにとった措置に関する報告を、この条約が自国について効力を生じた後一年以内に、国際連合事務総長を通じて委員会に提出する。その後は、締約国は、新たにとった措置に関する補足報告を四年ごとに提出し、及び委員会が要請することのある他の報告を提出する。

2. 国際連合事務総長は、1の報告をすべての締約国に送付する。

3. 1の報告は、委員会によって検討される。委員会は、当該報告について、一般的な性格を有する意見であって適当と認めるものを表明することができる。この場合には、当該意見は関係締約国に送付され、当該関係締約国は委員会に対する応答として自国が適当と認めるいかなる見解も表明することができる。

4. 委員会は、第二十四条の規定に従って提出する委員会の年次報告に、その裁量により、3の規定に従って表明した意見を、当該意見について関係締約国から受領した見解と共に含める旨を決定することができるものとし、また、当該関係締約国が要請する場

requested by the State Party concerned, the Committee may also include a copy of the report submitted under paragraph I of this article.

Article 20

1. If the Committee receives reliable information which appears to it to contain well-founded indications that torture is being systematically practised in the territory of a State Party, the Committee shall invite that State Party to co-operate in the examination of the information and to this end to submit observations with regard to the information concerned.

2. Taking into account any observations which may have been submitted by the State Party concerned, as well as any other relevant information available to it, the Committee may, if it decides that this is warranted, designate one or more of its members to make a confidential inquiry and to report to the Committee urgently.

3. If an inquiry is made in accordance with paragraph 2 of this article, the Committee shall seek the co-operation of the State Party concerned. In agreement with that State Party, such an inquiry may include a visit to its territory.

4. After examining the findings of its member or members submitted in accordance with paragraph 2 of this article, the Commission shall transmit these findings to the State Party concerned together with any comments or suggestions which seem appropriate in view of the situation.

5. All the proceedings of the Committee referred to in paragraphs I to 4 of th is article s hall be con fidential , and at all stages of the proceedings the co-operation of the State Party shall be sought. After such proceedings have been completed with regard to an inquiry made in accordance with paragraph 2, the Committee may, after consultations with the State Party concerned, decide to include a summary account of the results of the proceedings in its annual report made in accordance with article 24.

Article 21

1. A State Party to this Convention may at

合には、1の規定に基づいて提出された報告の写しを含めることができる。

第二十条

1. 委員会は、いずれかの締約国の領域内における拷問の制度的な実行の存在が十分な根拠をもって示されていると認める信頼すべき情報を受領した場合には、当該締約国に対し、当該情報についての検討に協力し及びこのために当該情報についての見解を提出するよう要請する。

2. 委員会は、関係締約国が提出することのあるすべての見解を他の入手可能なすべての情報と共に考慮した上で、正当であると認める場合には、一人又は二人以上の委員を指名して秘密調査を行わせ及び委員会への早急な報告を行わせることができる。

3. 委員会は、2の規定に従って調査が行われる場合には、関係締約国の協力を求める。この調査を行うに当たっては、当該関係締約国の同意がある場合には、その領域を訪問することができる。

4. 委員会は、2の規定に従って委員から提出された調査結果を検討した後、当該状況に照らして適当と認める意見又は提案を付して当該調査結果を関係締約国に送付する。

5. 1から4までに規定する委員会のすべての手続は秘密とし、また、当該手続のすべての段階において1の締約国の協力を求める。委員会は、2の規定に従って行われた調査に係る手続が完了した後、当該締約国と協議の上、当該手続の結果の概要を第二十四条の規定に従って提出する委員会の年次報告に含めることを決定することができる。

第二十一条

1. この条約の締約国は、この条約に基づく義務が他の締約国によって履行されていない旨を主張するいずれかの締約国からの通報を委員会が受理し及び検討する権限を有することを認める宣言を、この条の規定に基

any time declare under this article that it recognizes the competence of the Committee to receive and consider communications to the effect that a State Party claims that another State Party is not fulfilling its obligations under this Convention. Such communications may be received and considered according to the procedures laid down in this article only if submitted by a State Party which has made a declaration recognizing in regard to itself the competence of the Committee. No communication shall be dealt with by the Committee under this article if it concerns a State Party which has not made such a declaration. Communications received under this article shall be dealt with in accordance with the following procedure;

(a) If a State Party considers that another State Party is not giving effect to the provisions ofthis Convention, it may, by written communication, bring the matter to the attention of that State Party. Within three months afler the receipt of the communication the receiving State shall afford the State which sent the communication an explanation or any other statement in writing clarifying the matter, which should include, to the extent possible and pertinent, reference to domestic procedures and remedies taken, pending or available in the matter;

(b) If the matter is not adjusted to the satisfaction of both States Parties concerned within six months after the receipt by the receiving State of the initial communication, either State shall have the right to refer the matter to the Committee, by notice given to the Committee and to the other State;

(c) The Committee shall deal with a matter referred to it under this article only after it has ascertained that all domestic remedies have been invoked and exhausted in the matter, in conformity with the generally recognized principles of international law. This shall not be the rule where the application of the remedies is unreasonably prolonged or is unlikely to bring effective relief to the person who is the victim of the violation of this Convention;

づいていつでも行うことができる。この通報は、委員会が当該権限を有することを自国について認める宣言を行った締約国によるものである場合に限り、この条に定める手続に従って受理し及び検討することができる。委員会は、宣言を行っていない締約国についての通報をこの条の規定の下で取り扱ってはならない。この条の規定に基づいて受理される通報は、次の手続に従って取り扱う。

(a)締約国は、他の締約国がこの条約を実施していないと認める場合には、書面による通知により、当該事案につき当該他の締約国の注意を喚起することができる。通知を受領した国は、その受領の後三箇月以内に、当該事案について事情を明らかにするための説明その他の陳述を、書面により、通知を送付した国に提供する。当該説明その他の陳述には、当該事案について既にとられたか、とることとなっているか又は利用することのできる国内的な手続及び救済措置への言及を、可能かつ適当な範囲において含めなければならない。

(b)最初の通知の受領の後六箇月以内にの事案が関係締約国の双方が満足するように調整されない場合には、いずれの一方の締約国も、委員会及び他方の締約国に対する通報により当該事案を委員会に付託する権利を有する。

(c)委員会は、この条の規定に基づいて付託された事案についてすべての国内的な救済措置がとられかつ尽くされたことを確認した後に限り、一般的に認められた国際法の原則に従い、当該付託された事案を取り扱う。ただし、救済措置の実施が不当に遅延する場合又はこの条約の違反の被害者である者に効果的な救済を与える可能性に乏しい場合は、この限りでない。

(d)委員会は、この条の規定に基づいて通報を検討する場合には、非公開の会合を

(d) The Committee shall hold closed meetings when examining communications under this article;

(e) Subject to the provisions of subparagraph (c), the Committee shall make available its good offices to the States Parties concerned with a view to a friendly solution of the matter on the basis of respect for the obligations provided for in this Convention. For this purpose, the Committee may, when appropriate, set up an ad hoc conciliation commission;

(f) In any matter referred to it under this article, the Committee may call upon the States Parties concerned, referred to in subparagraph (b), to supply any relevant information;

(g) The States Parties concerned, referred to in subparagraph (b), shall have the right to be represented when the matter is being considered by the Committee and to make submissions orally and/or in writing;

(h) The Committee shall, within twelve months after the date of receipt of notice under subparagraph (b), submit a report:

(i) If a solution within the terms of subparagraph (e) is reached, the Committee shall confine its report to a brief statement of the facts and of the solution reached;

(ii) If a solution within the terms of subparagraph (e) is not reached, the Committee shall confine its report to a brief statement of the facts; the written submissions and record of the oral submissions made by the States Parties concerned shall be attached to the report. In every matter, the report shall be communicated to the States Parties concerned.

2. The provisions of this article shall come into force when five States Parties to this Convention have made declarations under paragraph 1 of this article. Such declarations shall be deposited by the States Parties with the Secretary-General of the United Nations, who shall transmit copies thereof to the other States Parties. A declaration may be withdrawn at any time by notification to the Secretary-General. Such a withdrawal shall not prejudice the consideration of any matter which is the subject of a communication already transmitted under

開催する。

(e) (c)の規定に従うことを条件として、委員会は、この条約に定める義務の尊重を基礎として事案を友好的に解決するため、関係締約国に対してあっせんを行う。このため、委員会は、適当な場合には、特別調停委員会を設置することができる。

(f) 委員会は、この条の規定に基づいて付託されたいずれの事案についても、(b)の関係締約国に対し、あらゆる関連情報を提供するよう要請することができる。

(g) (b)の関係締約国は、委員会において事案が検討されている間において代表を出席させ及び口頭又は書面により意見を述べる権利を有する。

(h) 委員会は、(b)の通報を受領した日の後十二箇月以内に、次の(i)又は(ii)の規定に従って報告を提出する。報告は、各事案ごとに、関係締約国に送付する。

(i) (e)の規定により解決が得られた場合には、委員会は、事実及び得られた解決について簡潔に記述した報告を提出する。

(ii) (e)の規定により解決が得られない場合には、委員会は、事実について簡潔に記述した報告を提出し、その報告に関係締約国の口頭による意見の記録及び書面による意見を添付する。

2. この条の規定は、五の締約国が1の規定に基づく宣言を行った時に効力を生ずる。宣言は、締約国が国際連合事務総長に寄託するものとし、同事務総長は、その写しを他の締約国に送付する。宣言は、同事務総長に対する通告により、いつでも撤回することができる。撤回は、この条の規定に基づく通報により既に付託された事案の検討を妨げるものではない。同事務総長が宣言の撤回の通告を受領した後は、いずれの締約国による新たな通報も、関係締約国が新たに宣言を行わない限り、この条の規定に基づいて受理してはならない。

this article; no further communication by any State Party shall be received under this article after the notification of withdrawal of the declaration has been received by the Secretary-General, unless the State Party concerned has made a new declaration.

Article 22

1. A State Party to this Convention may at any time declare under this article that it recognizes the competence of the Committee to receive and consider communications from or on behalf of individuals subject to its jurisdiction who claim to be victims of a violation by a State Party of the provisions of the Convention. No communication shall be received by the Committee if it concerns a State Party which has not made such a declaration.

2. The Committee shall consider inadmissible any communication under this article which is anonymous or which it considers to be an abuse of the right of submission of such communications or to be incompatible with the provisions of this Convention.

3. Subject to the provisions of paragraph 2, the Committee shall bring any communications submitted to it under this article to the attention of the State Party to this Convention which has made a declaration under paragraph I and is alleged to be violating any provisions of the Convention. Within six months, the receiving State shall submit to the Committee written explanations or statements clarifying the matter and the remedy, if any, that may have been taken by that State.

4. The Committee shall consider communications received under this article in the light of all information made available to it by or on behalf of the individual and by the State Party concerned.

5. The Committee shall not consider any communications from an individual under this article unless it has ascertained that:

(a) The same matter has not been, and is not being, examined under another procedure of international investigation or settlement;

(b) The individual has exhausted all available domestic remedies; this shall not be the

第二十二条

1. この条約の締約国は、自国の管轄の下にある個人であっていずれかの締約国によるこの条約の規定の違反の被害者であると主張する者により又はその者のために行われる通報を、委員会が受理し及び検討する権限を有することを認める宣言を、この条の規定に基づいていつでも行うことができる。委員会は、宣言を行っていない締約国についての通報を受理してはならない。

2. 委員会は、この条の規定に基づく通報であっても、匿名のもの又は通報を行う権利の濫用であるか若しくはこの条約の規定と両立しないと認めるものについては、これを受理することのできないものとしなければならない。

3. 委員会は、2の規定に従うことを条件として、この条の規定に基づいて行われたいずれの通報についても、1の規定に基づく宣言を行いかつこの条約のいずれかの規定に違反しているとされた締約国の注意を喚起する。注意を喚起された国は、六箇月以内に、当該事案及び救済措置が当該国によりとられている場合には当該救済措置についての事情を明らかにするための説明その他の陳述を、書面により、委員会に提出する。

4. 委員会は、関係する個人により又はその者のために及び関係締約国により委員会の利用に供されたすべての情報に照らして、この条の規定に基づいて受理する通報を検討する。

5. 委員会は、次のことを確認しない限り、この条の規定に基づく個人からのいかなる通報もしてはならない。

(a) 同一の事案が他の国際的な調査又は解決の手続によってかつて検討されたことがなく、かつ、現在検討されていないこと。

(b) 当該個人が、利用し得るすべての国内的な救済措置を尽くしたこと。ただし、救済措置の実施が不当に遅延する場合又はこ

rule where the application of the remedies is unreasonably prolonged or is unlikely to bring effective relief to the person who is the victim of the violation of this Convention.

6. The Committee shall hold closed meetings when examining communications under this article.

7. The Committee shall forward its views to the State Party concerned and to the individual.

8. The provisions of this article shall come into force when five States Parties to this Convention have made declarations under paragraph 1 of this article. Such declarations shall be deposited by the States Parties with the Secretary-General of the United Nations, who shall transmit copies thereof to the other States Parties. A declaration may be withdrawn at any time by notification to the Secretary-General. Such a withdrawal shall not prejudice the consideration of any matter which is the subject of a communication already transmitted under this article; no further communication by or on behalf of an individual shall be received under this article after the notification of withdrawal of the declaration has been received by the SecretaryGeneral, unless the State Party has made a new declaration.

Article 23

The members of the Committee and of the ad hoc conciliation commissions which may be appointed under article 21, paragraph I (e), shall be entitled to the facilities, privileges and immunities of experts on mission for the United Nations as laid down in the relevant sections of the Convention on the Privileges and Immunities of the United Nations.

Article 24

The Committee shall submit an annual report on its activities under this Convention to the States Parties and to the General Assembly of the United Nations.

PART III

Article 25

1. This Convention is open for signature by all States. 2. This Convention is subject to rati-

の条約の違反の被害者である者に効果的な救済を与える可能性に乏しい場合は、この限りでない。

6. 委員会は、この条の規定に基づいて通報を検討する場合には、非公開の会合を開催する。

7. 委員会は、その見解を関係する締約国及び個人に送付する。

8. この条の規定は、五の締約国が1の規定に基づく宣言を行った時に効力を生ずる。宣言は、締約国が国際連合事務総長に寄託するものとし、同事務総長は、その写しを他の締約国に送付する。宣言は、同事務総長に対する通告により、いつでも撤回することができる。撤回は、この条の規定に基づく通報により既に付託された事案の検討を妨げるものではない。同事務総長が宣言の撤回の通告を受領した後は、個人によるか又はその者のための新たな通報は、関係締約国が新たに宣言を行わない限り、この条の規定に基づいて受理してはならない。

第二十三条

　委員会の委員及び第二十一条1　の規定に基づいて設置される特別調停委員会の委員は、国際連合の特権及び免除に関する条約の関連規定に規定する国際連合のための任務を行う専門家の便益、特権及び免除を享受する。

第二十四条

　委員会は、この条約に基づく活動に関する年次報告を締約国及び国際連合総会に提出する。

第三部

第二十五条

　1. この条約は、すべての国による署名のために開放しておく。

　2. この条約は、批准されなければならない。批准書は、国際連合事務総長に寄託す

fication. Instruments of ratification shall be deposited with the Secretary-General of the United Nations.

Article 26

This Convention is open to accession by all States. Accession shall be effected by the deposit of an instrument of accession with the SecretaryGeneral of the United Nations.

Article 27

1. This Convention shall enter into force on the thirtieth day after the date of the deposit with the Secretary-General of the United Nations of the twentieth instrument of ratification or accession.

2. For each State ratifying this Convention or acceding to it after the deposit of the twentieth instrument of ratification or accession, the Convention shall enter into force onthe thirtieth day after the date of the deposit of its own instrument of ratification or accession.

Article 28

1. Each State may, at the time of signature or ratification of this Convention or accession thereto, declare that it does not recognize the competence of the Committee provided for in article 20.

2. Any State Party having made a reservation in accordance with paragraph I of this article may, at any time, withdraw this reservation by notification to the Secretary-General of the United Nations.

Article 29

1 . Any State Party to this Convention may propose an amendment and file it with the Secretary-General of the United Nations. The SecretaryGeneral shall thereupon communicate the proposed amendment to the States Parties with a request that they notify him whether they favour a conference of States Parties for the purpose of considering an d voting upon the proposal. In the event that within four months from the date of such communication at least one third of the States Parties favours such a conference, the SecretaryGeneral shall convene the conference under the auspices of the United Nations. Any amendment adopted by a majority of the States Parties present and

る。

第二十六条

　この条約は、すべての国による加入のために開放しておく。加入は、加入書を国際連合事務総長に寄託することによって行う。

第二十七条

　1. この条約は、二十番目の批准書又は加入書が国際連合事務総長に寄託された日の後三十日目の日に効力を生ずる。

　2. 二十番目の批准書又は加入書が寄託された後にこの条約を批准し又はこれに加入する国については、この条約は、その批准書又は加入書の寄託の日の後三十日目の日に効力を生ずる。

第二十八条

　1. 各国は、この条約の署名若しくは批准又はこの条約への加入の際に、委員会が第二十条に規定する権限を有することを認めない旨を宣言することができる。

　2. 1の規定に従って留保を付した締約国は、国際連合事務総長に対する通告により、いつでもその留保を撤回することができる。

第二十九条

　1. この条約のいずれの締約国も、改正を提案し及び改正案を国際連合事務総長に提出することができる。同事務総長は、締約国に対し改正案を直ちに送付するとともに、当該改正案についての審議及び投票のための締約国会議の開催についての賛否を同事務総長に通報するよう要請する。その送付の日から四箇月以内に締約国の三分の一以上が会議の開催に賛成する場合には、同事務総長は、国際連合の主催の下に会議を招集する。会議に出席しかつ投票する締約国の過半数によって採択された改正案は、受諾のため、国際連合事務総長によりすべての締約国に送付される。

　2. 1の規定に従って採択された改正は、この条約の締約国の三分の二がそれぞれの国の憲法上の手続に従って当該改正を受諾し

voting at the conference shall be submitted by the Secretary-General to all the States Parties for acceptance.

2. An amendment adopted in accordance with paragraph I of this article shall enter into force when two thirds of the States Parties to this Convention have notified the Secretary-General of the United Nations that they have accepted it in accordance with their respective constitutional processes.

3. When amendments enter into force, they shall be binding on those States Parties which have accepted them, other States Parties still being bound by the provisions of this Convention and any earlier amendments which they have accepted.

Article 30

1. Any dispute between two or more States Parties concerning the interpretation or application of this Convention which cannot be settled through negotiation shall, at the request of one of them, be submitted to arbitration. If within six months from thc date of the request for arbitration the Parties are unable to agree on the organization of the arbitration, any one of those Parties may refer the dispute to the International Court of Justice by request in conformity with the Statute of the Court.

2. Each State may, at the time of signature or ratification of this Con vention or accession thereto, declare that it does not consider itself bound by paragraph I of this article. The other States Parties shall not be bound by paragraph I of this article with respect to any State Party having made such a reservation.

3. Any State Party having made a reservation in accordance with paragraph 2 of this article may at any time withdraw this reservation by notification to the Secretary-General of the United Nations.

Article 31

1. A State Party may denounce this Convention by written notification to the Secretary-General of the United Nations. Denunciation becomes effective one year after the date of receipt of- the notification by the Secretary-General.

た旨を国際連合事務総長に通告した時に、効力を生ずる。

3. 改正は、効力を生じたときは、当該改正を受諾した締約国を拘束するものとし、他の締約国は、改正前のこの条約の規定（自国が受諾した従前の改正によって改正された規定を含む。）により引き続き拘束される。

第三十条

1. この条約の解釈又は適用に関する締約国間の紛争で交渉によって解決することができないものは、いずれかの紛争当事国の要請により、仲裁に付される。仲裁の要請の日から六箇月以内に仲裁の組織について紛争当事国が合意に達しない場合には、いずれの紛争当事国も、国際司法裁判所規程に従って国際司法裁判所に紛争を付託することができる。

2. 各国は、この条約の署名若しくは批准又はこの条約への加入の際に、1の規定に拘束されない旨を宣言することができる。他の締約国は、そのような留保を付した締約国との関係において1の規定に拘束されない。

3. 2の規定に従って留保を付した締約国は、国際連合事務総長に対する通告により、いつでもその留保を撤回することができる。

第三十一条

1. 締約国は、国際連合事務総長に対して書面による通告を行うことにより、この条約を廃棄することができる。廃棄は、同事務総長がその通告を受領した日の後一年で効力を生ずる。

2. 廃棄は、廃棄が効力を生ずる日前に生じた作為又は不作為について、この条約に基づく当該締約国の義務を免除するものではなく、また、廃棄が効力を生ずる日前に委員会が既に検討していた問題について検討を継続することを妨げるものでもない。

3. 委員会は、いずれかの締約国の廃棄が効力を生じた日の後は、当該国に関連する

2. Such a denunciation shall not have the effect of releasing the State Party from its obligations under this Convention in regard to any act or omission which occurs prior to the date at which the denunciation becomes effective, nor shall denunciation prejudice in any way the continued consideration of any matter which is already under consideration by the Committee prior to the date at which the denunciation becomes effective.

3. Following the date at which the denunciation of a State Party becomes effective, the Committee shall not commence consideration of any new matter regarding that State.

Article 32

The Secretary-General of the United Nations shall inform all States Members of the United Nations and all States which have signed this Convention or acceded to it of the following:

(a) Signatures, ratifications and accessions under articles 25 and 26;

(b) The date of entry into force of this Convention under article 27 and the date of the entry into force of any amendments under article 29;

(c) Denunciations under article 31.

Article 33

1. This Convention, of which the Arabic, Chinese, English, French, Russian and Spanish texts are equally authentic, shall be deposited with the Secretary-General of the United Nations.

2. The Secretary-General of the United Nations shall transmit certified copies of this Convention to all States.

新たな問題の検討を開始してはならない。

第三十二条

国際連合事務総長は、国際連合のすべての加盟国及びこの条約に署名し又は加入したすべての国に対し、次の事項を通報する。

(a)第二十五条及び第二十六条の規定による署名、批准及び加入

(b)第二十七条の規定によりこの条約が効力を生ずる日及び第二十九条の規定により改正が効力を生ずる日

(c)前条の規定による廃棄

第三十三条

1. この条約は、アラビア語、中国語、英語、フランス語、ロシア語及びスペイン語をひとしく正文とし、国際連合事務総長に寄託される。

2. 国際連合事務総長は、この条約の認証謄本をすべての国に送付する。

拷問等禁止条約
NGOが創った国際基準

2000年4月20日 第1版第1刷発行

監　修	今井　直
編　者	アムネスティ・インターナショナル日本支部
発行人	成澤壽信
編集人	西村吉世江＋桑山亜也
発行所	株式会社 現代人文社

〒160-0016 東京都新宿区信濃町20 佐藤ビル201
電話：03-5379-0307（代）　FAX 03-5379-5388
E-mail：genjin@gendaijinbun-sha.com

発売所	株式会社 大学図書
印　刷	株式会社 ミツワ
装　丁	加藤英一郎

検印省略　Printed in JAPAN
ISBN4-87798-018-0 C0032

Ⓒ2000 Amnesty International Japanese Section

本書の一部あるいは全部を無断で複写・転載・転訳載などをすること、または磁気媒体等に入力することは、法律で認められた場合を除き、著作者および出版者の権利の侵害となりますので、これらの行為を行う場合には、あらかじめ小社または編著者宛に承諾を求めてください。

アムネスティとは……

　世界人権宣言が守られる社会の実現をめざし、世界中の人権侵害をなくすため、国境を越えて声を上げ続けている国際的な市民運動です。

■人権の促進

　「すべての人にすべての権利を」。人権基準の批准、人権保障の促進、人権教育、人権への意識喚起などにつき、国内外を問わず活動しています。

■人権侵害をなくす

　良心の囚人の釈放や拷問、死刑の廃止、政治的殺害や「失踪」、難民などの重大な人権侵害をなくすために活動します。

■その特徴

　手紙書きなどの誰もが普通にできる草の根の活動を、国際世論の形成につなげていきます。独自の調査で得た情報は厳密に検討され、人権状況の改善に役立つよう、効果的に使われます。そうした調査や運動の中立性を保つため、アムネスティは政治的、宗教的、また財政的に不偏不党の立場を貫きます。調査や活動に対して、いかなる政府からも財政的な援助は受けません。

■ アムネスティの「拷問廃止キャンペーン」

　世界から拷問をなくし、予防するために、2000年10月から、アムネスティは史上3度目の世界的な「拷問廃止キャンペーン」を展開します。関心のある方は、ぜひお問合せください。

アムネスティ・インターナショナル日本支部の連絡先
東京事務所：〒169-0051　東京都新宿区西早稲田2-18-23　スカイエスタ2階
　　　　　　TEL: 03-3203-1050　FAX: 03-3232-6775
大阪事務所：〒531-0071　大阪府大阪市北区中津3-17-5　城ビル
　　　　　　TEL: 06-6376-1496　FAX: 06-6376-1340
ホームページ：アムネスティ日本支部URL: http://www.amnesty.or.jp/
アムネスティ国際事務局URL: http://www.amnesty.org/
E-mail：amnesty@mri.biglobe.ne.jp